So genießt Südtirol

Heinrich Gasteiger
Gerhard Wieser
Helmut Bachmann

33x Vegetarisch

VERLAGSANSTALT ATHESIA | BOZEN

LIEBE LESERIN, LIEBER LESER!

Wir freuen uns, dass Sie sich für ein Buch der »So genießt Südtirol«-Kochbuchreihe entschieden haben. Um in Zukunft noch besser auf Ihre Wünsche eingehen zu können, ist uns Ihre Meinung wichtig. Bitte senden Sie uns Ihre Anregungen, Ihre Kritik, Ihr Lob und auch Ihre Fragen zu unseren Büchern. Wir freuen uns auf Ihre Nachricht!

Fax +39 0471 08 10 79 · info@so-kocht-suedtirol.it · www.so-kocht-suedtirol.it
www.facebook.com/sokochtsuedtirol

BIBLIOGRAFISCHE INFORMATION DER DEUTSCHEN NATIONALBIBLIOTHEK

Die Deutsche Nationalbibliothek verzeichnet diese Publikation in der Deutschen Nationalbibliografie; detaillierte bibliografische Daten sind im Internet abrufbar: http://dnb.d-nb.de

UMSCHLAGBILDER

Titelbild: Churry-Gemüse-Eintopf

Rückseite: Safran-Couscous mit Gemüse und Sprossen · Lasagnette mit gebackener Melanzane

BILDNACHWEIS

Helmut Bachmann: Seite 8 oben, 53
Fotolia: Seite 7, 12, 16, 17, 18
Keller & Keller: Titelbild
Daniela Kofler: Seite 9, 14
Küppersbusch: Seite 3, 13 oben
Josef Pernter: Seite 8 mitte
Alle übrigen Aufnahmen stammen von Günther Pichler, Eggen, www.gpichler.com

IMPRESSUM
November 2012

Ernährungswissenschaftliche Beratung: Petra Lind
Lektorat: Nicoletta De Rossi
Korrektorat: Kathrin Kötz
Umschlaggestaltung: ganeshGraphics, Lana
Design & Layout: Athesia Verlag
Druck: Athesia Druck, Bozen

ISBN 978-88-8266-834-1

www.athesiabuch.it
buchverlag@athesia.it

Ein Gruß aus der Genießerküche

Immer mehr Menschen möchten sich ohne Fisch und Fleisch gesund und genussvoll ernähren, darunter ein großer Anteil junger Menschen. Doch oft fehlt das Wissen, wie man vegetarisch kocht und die Zutaten richtig vor- und zubereitet: Für alle gibt es jetzt das Südtiroler Vegetarierbuch.
Längst ist kein kulinarischer Außenseiter mehr, wer vegetarisch isst und kocht. Immer mehr Menschen genießen auf diese Art – aus unterschiedlichen Gründen. Mit der Frische und der köstlichen Leichtigkeit von Gemüse, Kräutern und Salaten ist nicht so leicht zu konkurrieren. Dennoch ist im Allgemeinen noch immer ein Ungleichgewicht zwischen wachsender Nachfrage beim Kunden und eher überschaubarem Angebot der vegetarischen Küche im Restaurant zu bemerken.
Vegetarisch zu kochen stellt ganz andere Anforderungen an den Koch, als nur Beilagen zu kombinieren. Diese Umstellung ist für viele, ob Profis oder nicht, eine echte Herausforderung. Sich ihr zu stellen macht durchaus Sinn, denn Vegetarier sind heute eine große und beständig wachsende Zielgruppe. Die Gesellschaft hat sich verändert, es gehört eher zum guten Ton, vegetarisch zu essen, denn das heißt auch, sich umweltbewusster, anspruchsvoller, gesünder und nachhaltiger zu verhalten.
In diesem Buch finden Sie zuverlässige Rezepte für Gerichte, die allesamt ausgewogen und nahrhaft sind und weder Fleisch noch Fisch enthalten. Wählen Sie aus der Fülle von Getreide, Hülsenfrüchten, Frucht- und Blattgemüse und genießen Sie die Rezepte, die wir für Sie entwickelt haben. Eine Warenkunde und die ausführliche Küchenpraxis mit vielen Schritt-für-Schritt-Bildern geben Ihnen Antworten auf die wichtigen Fragen der Veggie-Küche. Ein Buch, dessen Rezepte Sie hoffentlich durch viele köstliche Momente begleiten.

Helmut Bachmann Heinrich Gasteiger Gerhard Wieser

H. Bachmann H. Gasteiger G. Wieser

Inhalt

Fleischlos glücklich

Warum eigentlich Vegetarismus? Wieso der Verzicht auf Fleisch und Fisch? Warum sollten sich die Leute überhaupt für diese vegetarische Rezeptsammlung interessieren? Die Beweggründe, vegetarisch zu kochen, können ganz unterschiedlicher Natur sein. Manche Menschen haben beschlossen, Fleisch vollständig von ihrem Speiseplan zu streichen. Viele tun dies aus ethischen oder gesundheitlichen Gründen.

Eine zweite Gruppe, die zunehmend größer wird, sind die »Teilzeit-Vegetarier«, die Fleisch und Fisch mehr oder weniger häufig weglassen, ihren Genuss jedoch nicht vollkommen ablehnen. Zu dieser Gruppe zählen häufig diejenigen, die aus gesundheitlichen Gründen weniger Fleisch essen möchten. Und auch Menschen, die ihren Fleisch- oder Fischkonsum bewusst reduzieren wollen, um die Umwelt zu schonen oder auch aus ethischen Gründen weniger Fleisch essen, dafür aber aus artgerechter Tierhaltung.

Es ist gut möglich, dass Sie unsere Hinweise auf Kombinationsmöglichkeiten mit nicht vegetarischen Zutaten als störend empfinden. Strengen Vegetariern mag auch die häufige Verwendung von Eiern, Milch und Milchprodukten, wie Käse, Topfen (Quark) oder Mascarpone, missfallen. Wir denken, dass die meisten versierten Vegetarier wissen, welche Elemente sie aus diesem Buch übernehmen und welche sie ignorieren können, welche zu ihrer Art Vegetarismus passen und welche nicht.

»Für die Erzeugung von Fleisch werden nämlich große Mengen pflanzlicher Futtermittel benötigt, die den Menschen nicht mehr als Lebensmittel zur Verfügung stehen.« Dieses Argument und das allgemeine Gefühl der Maßlosigkeit, das sich über die vergangenen Jahrzehnte aufgebaut hat, hat viele Menschen dazu gebracht, weniger Fleisch zu essen und es wieder als **etwas Besonderes und Wertvolles** zu betrachten.

Knackige Salate und frisches Gemüse bilden die Grundlage kleiner Mahlzeiten.

VEGETARIER

Massentierhaltung, Medikamente im Fleisch, Treibhausgase, Klimawandel: Vegetarier haben gute Gründe, um auf Fleisch zu verzichten – und sie finden immer mehr Anhänger.

Wie ernähren sich Vegetarier?
Vegetarier essen **pflanzliche Kost** und Nahrungsmittel von lebenden Tieren, aber nichts, was von toten Tieren stammt, wie Fisch, Fleisch oder auch Gelatine und Schmalz.

Warum verzichten sie auf Fleisch?
Die Gründe für den Fleischverzicht kennen mittlerweile auch Fleischfans und neben ethischen Gründen geben viele Vegetarier auch ökologische Gründe an. Denn für die Produktion von Fleisch wird eine enorme landwirtschaftliche Fläche verbraucht: Etwa 7–16 kg Getreide werden für 1 kg Fleisch benötigt.

Leben Vegetarier gesünder oder länger?
Der Fleischverzicht hat gesundheitliche Vor- und Nachteile:

- **Hoher Fleischkonsum,** vor allem von rotem Fleisch, steht im Verdacht, das Risiko für Krebs, Gicht, Arteriosklerose und Herz-Kreislauf-Erkrankungen zu erhöhen.
- **Fleischesser halten dagegen:** Steaks liefern Proteine, das blutbildende Vitamin B12 sowie Eisen und Zink.
- Doch auch Vegetarier können sich gut damit versorgen. Eier und Milchprodukte liefern Zink und Proteine. Hülsenfrüchte und Vollkorngetreide versorgen den Körper mit Eisen, und Vitamin B12 kann über angereicherte Lebensmittel wie Haferflocken oder Sojaprodukte aufgenommen werden.
- Die **gesundheitlichen Vorteile** des Vegetarismus sind deutlich größer als die Risiken. Die meisten Vegetarier leben sehr gesundheitsbewusst, nicht nur in Bezug auf ihre Ernährung. Sie sind meist Nichtraucher, trinken wenig Alkohol und legen Wert auf körperliche Aktivität.
- Vegetarier sind seltener übergewichtig und leiden nicht so oft an Bluthochdruck, erhöhten Blutfettwerten, Herz-Kreislauf-Erkrankungen sowie an verschiedenen chronischen Erkrankungen.
- Eine ausgewogene vegetarische Ernährung vermindert das Krebsrisiko und kann das Diabetesrisiko senken.

VEGANER

Ihnen reicht es nicht, nur fleischlos zu leben: Veganer ernähren sich **rein pflanzlich** und verzichten auch auf sämtliche Produkte aus **Milch** und **Eiern** und lehnen z. B. auch **Honig** ab. Darin sehen sie den konsequentesten Beitrag zum Schutz von Tieren. Doch sie haben es schwerer, sich mit wichtigen Nährstoffen zu versorgen.

Was essen Veganer?
Sie gehen bei ihrer Ernährung noch einen Schritt weiter als Vegetarier. Sie essen weder Fisch, Fleisch noch Eier und auch keinen Käse, Joghurt oder Butter. Alle Lebensmittel und Gegenstände, die von Tieren stammen, sind für Veganer tabu, wie beispielsweise auch **Leder** oder **Seide.**

Was steckt dahinter?
Der Grund für den **Totalverzicht:** Veganer sind gegen jegliche Art von Tierhaltung. Für Eier, Käse, Joghurt oder Milch müssen zwar keine Tiere getötet werden, doch auch Legehennen oder Milchkühe werden nach Ansicht dieser Radikalvegetarier keineswegs artgerecht gehalten.

Welche Vorteile erhoffen sich Veganer?
Massentierhaltung, Klimawandel, Monokulturen: Für Veganer gelten im Prinzip die gleichen ethischen und ökologischen Verzichtsgründe wie für Vegetarier, sie sind dabei ihrer Ansicht nach nur konsequenter.

Was sagen Ernährungsexperten zu Veganern?
Trotz aller ethischen Gründe: Es reicht nicht aus, als Veganer einfach nur Eier und Milch wegzulassen. Wer sich vegan ernähren will, muss schon sehr genau darauf achten, wie er die fehlenden Nährstoffe ersetzen kann. Ein Mangel an Eiweiß, Eisen, Kalzium, Vitamin D und Vitamin B12 ist möglich.

- Proteine können durch Hülsenfrüchte und Getreide geliefert werden.
- Eisen über Hirse oder Amaranth und Omega-3-Fettsäuren über Nüsse oder Pflanzenöle.

Eine vegetarische Ernährungsweise gilt mittlerweile als **bedenkenlos.** Bei veganer Ernährung mahnen Wissenschaftler aber zur **Vorsicht,** da es langfristig bei rein pflanzlicher Kost zu oben genannten Mangelerscheinungen kommen kann.

Pfifferlinge in Kombination mit Nudeln, Polenta oder Semmelknödeln können auch Veganer genießen.

ROHKÖSTLER

Rohköstler halten gekochte oder gebratene Nahrung für schädlich und essen deswegen **alles roh.** Sie sind überzeugt davon, dass ihre Ernährungsweise die gesündeste ist. Ernährungsexperten sehen das allerdings sehr viel kritischer.

URKÖSTLER

Urköstler ernähren sich noch spezieller als Rohköstler: Sie essen vor allem **wild wachsende Pflanzen.** Die Anhänger des Begründers Franz Konz sind davon überzeugt, dass sie die besseren Esser sind. Doch manche ihrer Ansichten sind höchst bedenklich.

FRUTARIER / FRUGANER

Noch radikaler geht es kaum: Frutarier dürfen für ihr Essen nicht einmal eine Pflanze vernichten. Sie essen nur, was die Natur ihnen freiwillig gegeben hat: **Früchte, Nüsse** und einige **Gemüsesorten.** Das schränkt den Speiseplan drastisch ein.

Vegetarische Ernährungstypen

Wer sich vegetarisch ernährt, verzichtet in der Regel bewusst auf Fleisch und Fisch. Doch bei Vegetariern gibt es noch einige weitere Unterteilungen:

Optimale Versorgung möglich bei sorgfältiger Lebensmittelauswahl

- **Ovo-Lakto-Vegetarier:** verzichten auf Fleisch und Fisch, nehmen neben der pflanzlichen Nahrung aber auch Eier (Ovo), Milch (Lakto) und Milchprodukte wie Joghurt, Käse und Sahne zu sich.
- **Ovo-Vegetarier** essen neben pflanzlicher Kost auch Eier, meiden Fleisch, Fisch und Milch in all ihren Formen.
- **Lakto-Vegetarier:** verzichten auf Fleisch, Fisch und Eier, nehmen aber Milchprodukte zu sich.

Eier erleichtern eine ausgewogene Ernährung.

[1] Milch [2] Butter [3] Fisch [4] Gelatine [5] Joghurt [6] Fleisch
Milch und Milchprodukte, Fleisch, Fisch, Gelatine und Eier sind Lebensmittel, die man als Vegetarier/Veganer nicht oder nur teilweise isst.

Frische Lebensmittel vom Markt sind ideal für die Zubereitung vegetarischer Gerichte.

Hohes Risiko für Mangelernährung

- **Veganer** praktizieren die strengste Form des Vegetarismus und lehnen alle tierischen Erzeugnisse ab (Fleisch, Fisch, Milch, Ei, Honig), nicht nur in der Nahrung, sondern auch in allen anderen Lebensbereichen (z. B. Kleidung, Möbel, Schlafzeug). Sie sind so konsequent, dass sie sogar auf Lederwaren (Schuhe) und Daunen (Jacken, Bettdecken) verzichten.

Gefährlich

- **Frutarier (Fruganer):** Ebenfalls eine strenge Form des Vegetarismus. Frutarier verzehren ausschließlich Früchte, keine angebauten Pflanzen.

[1] Melanzane pasticciate (gratinierte Auberginen), [2]Pinzimonio (Gemüserohkost) und [3] Radicchio-Risotto sind delikate Gerichte ohne Fleisch und Fisch.

Darüber hinaus gibt es auch:

- **Flexitarier** oder **Teilzeitvegetarier:** wollen aus ähnlichen Gründen wie Vegetarier den Fleischkonsum reduzieren, aber nicht ganz darauf verzichten.

Bunte vegetarische Küche

Die Wiege der vegetarischen Küche Europas liegt vermutlich in Griechenland, begründet durch Pythagoras. In Indien lebt aber der größte Anteil an Vegetariern, denn dort wird seit Jahrhunderten in großer Vielfalt vegetarisch gekocht. Diese Kochkunst ist nicht nur eine Freude für den Gaumen, sondern durch eine ausgewogene Zusammensetzung der Nährstoffe auch der Gesundheit überaus förderlich.

Ist fleischlose Kost für Kinder zu empfehlen?

Bei Schulkindern von 6 bis 12 Jahren nähert sich der Nährstoffbedarf immer mehr dem Erwachsenen an. Eine gut zusammengestellte **lakto-(ovo-)vegetarische Kost** bietet auch in dieser Phase eine ausreichende Nährstoffversorgung. Die Eiweißversorgung kann durch Kombination von Getreide mit Milchprodukten, Hülsenfrüchten und Getreide, Kartoffeln und Ei optimiert werden. Der gemeinsame Verzehr dieser Lebensmittel erhöht die biologische Wertigkeit des pflanzlichen Eiweißes, d.h., der Körper

BESSER OHNE FLEISCH

Viele Menschen glauben, dass man sich ohne Fleisch nicht ausgewogen ernähren kann. Langfristige Studien über Ernährungsverhalten und Gesundheitszustand von Vegetariern ergaben, dass eine **ovo-lakto-vegetarische Ernährung zahlreiche positive Effekte** aufweisen kann.
Die **Blutfettwerte** von Vegetariern sind in der Regel günstiger, da die Zufuhr von kritischen Nahrungsinhaltsstoffen wie gesättigten Fettsäuren, Cholesterin und Purinen niedriger ausfällt.
Auch bei der **Vitaminzufuhr** schneiden Vegetarier im Regelfall günstiger ab. Ihre pflanzlich betonte Kost führt zu einer höheren Aufnahme von Vitamin C und E, Beta-Carotin, Folsäure und Thiamin.

kann mehr Eiweiß aus der Nahrung aufnehmen als bei Aufnahme der einzelnen Lebensmittel allein.
Die Versorgung mit Zink und Eisen kann unter Umständen optimierungsbedürftig sein. Die Eisenaufnahme aus pflanzlichen Lebensmitteln kann beispielsweise durch Vitamin C gefördert werden, das in frischem Obst und Gemüse vorkommt. Zink kann über Nüsse und Vollkorngetreide aufgenommen werden.

VEGETARISCH SCHLEMMEN!

Die Veggies sind im Anmarsch. Die Fantasie der Köche und Köchinnen ist dann gefordert. Ob Überbackenes aus dem Ofen oder schmackhaft Gekochtes oder einfach nur Rohkost, es gilt, die Vielfalt vegetarischer Gerichte zu entdecken.

BIO – WAS HEISST DAS?

- Kein Pflanzenschutz mit chemisch-synthetischen Mitteln
- Anbau weniger anfälliger Sorten in geeigneten Fruchtfolgen
- Einsatz von Nützlingen
- Mechanische Unkraut-Bekämpfungsmaßnahmen wie Hacken
- Keine Verwendung von leicht löslichen mineralischen Düngemitteln
- Ausbringen von organisch gebundenem Stickstoff, vorwiegend in Form von Mist oder Mistkompost, Gründüngung durch Stickstoff sammelnde Pflanzen (Leguminosen) und Einsatz langsam wirkender natürlicher Düngestoffe
- Pflege der Bodenfruchtbarkeit durch ausgeprägte Humuswirtschaft
- Abwechslungsreiche, weite Fruchtfolgen durch viele Fruchtfolgeglieder und Zwischenfrüchte

Bio = »Bin in Ordnung« – BIO logisch?

Gütesiegel und Biosiegel suggerieren: biologisch, natürlich, geprüft! Doch aufgepasst: Nicht immer ist »bio« logisch!
»Bio« ist in, zweifellos. Fälschlicherweise wird »bio« aber gern mit »heimisch« gleichgesetzt. In Wahrheit sagt aber die Bezeichnung »bio« **nichts über die Herkunft** eines Lebensmittels aus. Und auch nicht darüber, **wie gesund das Produkt ist.** Ein Bio-Apfelgetränk kann überzuckert sein, selbst wenn es auf der Packung als natürliches Produkt ausgewiesen ist, und auch in anderen Biofertigprodukten, wie Biofrühstücksflocken oder Bio-Müsli-Riegeln, ist oft viel Zucker versteckt.

Gemüse und Salat sind abwechslungsreich, aromatisch und vor allem gesund.

Tatsache ist aber, dass alles mit der Bezeichnung »bio« oder »biologisch«, nach den Vorgaben der EU-Bio-Verordnung hergestellt sein muss. Das bedeutet neben der Einhaltung hoher Tierschutzstandards und schonender Bodenbearbeitung auch den Verzicht auf chemisch-synthetische Hilfsmittel und Gentechnik.

EU-Biosiegel

Zeichen: einheitliches Bio-Zeichen der EU-Kommission
Anforderung: Es gilt die EU-Bio-Verordnung.
Dazu: Angabe, ob Herkunft aus dem EU-Raum

Gentechnikfrei

Zeichen: gentechnikfrei erzeugte Lebensmittel
Anforderung: Lebensmittel dürfen nicht gentechnisch verändert sein.
Bei Fleisch: gentechnikfreies Futter

Geschützte Geografische Angabe

Zeichen: Regionalsiegel
Anforderung: Mindestens eine der Herstellungsstufen fand in der Region statt.
Südtirol: Südtiroler Apfel g. g. A.

Geschützte Ursprungsbezeichnung

Zeichen: strenges Regionalsiegel
Anforderung: vollständige regionale Erzeugung und Verarbeitung
Südtirol: Stilfser Käse g. U.

Aus [1] Bohnen, [2] Getreide, [3] Reis und [4] Linsen lassen sich gesunde Gerichte mit Pfiff zubereiten.

AMA-Gütesiegel

Zeichen: Qualitäts- und Herkunftszeichen der Agrarmarkt Austria
Was: mindestens zwei Drittel der Rohstoffe aus Österreich, strengere Qualitätsanforderungen

Deutsches Bio-Siegel

Zeichen: Erzeugung nach der EU-Öko-Verordnung
Was: Seit 2001 können Lebensmittel aus ökologischer Landwirtschaft mit dem staatlichen Bio-Siegel gekennzeichnet werden. Bis heute tragen bereits etwa 30.000 Produkte dieses Siegel.

BIO – WEIL ICH NUR DAS BESTE WILL!

Bio kann man aus vielen Gründen bevorzugen:

- aus Rücksicht auf die Umwelt
- Ablehnung der Massentierhaltung
- aus Qualitätsgründen – ohne Gentechnik und Pflanzenschutzmittel hergestellte Lebensmittel

TIPPS UND TRICKS

Manchmal ist es nur ein kleiner Handgriff, schon schmeckt ein Gericht viel besser! Da bei den vegetarischen Rezepten viel mit Gemüse gekocht wird, widmen wir ihm besonders viel Platz.

Gemüse wie Fenchel, Kohlrabi, Karotten und Weißkohl in Butter oder Öl dünsten, wenig Wasser oder Brühe dazugeben, mit geschlossenem Deckel gar ziehen lassen. So kommt der Geschmack besser zur Geltung.

Karotten gewinnen an Geschmack, wenn ein Stück Fenchel mitgekocht wird. Sie schmecken besonders intensiv, wenn man etwas Karottensaft zum Dünsten verwendet.

Kohlrabi: Kocht man die Knolle im Ganzen mit Schale, bleibt das Aroma erhalten. Erst schälen und schneiden, wenn der Kohlrabi gar ist.

Pilze wie Champignons gewinnen Aroma, wenn man sie klein schneidet und im Ofen trocknet. Für Saucen oder Füllungen verwenden.

Chicorée: Die Spitzen mit weißem Portwein dünsten. Die feine Süße passt zu den Bitternoten des Chicorées.

Pürees: Topinambur oder Petersilienwurzel zusammen mit Kartoffeln kochen und grob stampfen. Etwas Brühe oder Sahne unterrühren.

Sauerkraut: Unter das mit einem Gewürzbeutel (Lorbeer, Wacholder, Gewürznelke, Knoblauch, evtl. Piment) gekochte Kraut einen halben geriebenen Apfel und eine roh geriebene kleine Kartoffel geben. Die Kartoffel bindet das Kraut und dämpft seine Säure, der Apfel gibt fruchtige Frische. Vor dem Servieren etwas Butter unterheben – das verleiht dem Sauerkraut einen schönen Glanz.

Tomatensauce: Aus zwei Drittel Tomaten und einem Drittel rote Peperoni eine Sauce kochen und etwas Mark von einer Vanilleschote dazugeben.

Gedämpftes Gemüse behält seinen Eigengeschmack.

Moderne Kochkunst: sanft garen im Dampf

Im Dampf gegart, schmeckt frisches Gemüse gleich viel aromatischer; Farbe und Vitamine bleiben erhalten. Das Prinzip ist einfach und bietet viele **Vorteile:**

- Ein Dampfgarer gart bis zu 100 Grad ohne Druck im Schongang.
- Die Speisen laugen weder aus noch werden sie trocken.
- Weil die Hitze feucht-heiß ist und Dampf die Speisen umströmt, bleiben Aroma und Nährstoffe erhalten.
- Gemüse gelingt weich mit Biss.

Dampfgaren kann man mit verschiedenen Geräten:

1. Dampfgarblech mit Haube

Wer keinen Dampfgarofen besitzt, schiebt ein Dampfgarblech mit Haube in den normalen Ofen. Was Sie darin garen, sollte in etwa die gleiche Gardauer aufweisen. Prüfen Sie vorher, ob die Lebensmittel vom Geschmack her miteinander harmonieren.

2. Dampfkorb/Bambuskorb

Für eine kleine Menge bietet sich ein Dampfkorb, ein Topfeinsatz oder – für Asia-Gerichte – ein Bambuskorb an, die zusammen in einen Topf bzw. Wok mit etwas Wasser gestellt werden.

3. Aroma-Dampfgarer

Komfortabler ist ein Aroma-Dampfgarer, denn er lässt sich auch als Bräter nutzen. Gemüse reingeben und mit Deckel in den normalen Ofen schieben. Das integrierte Thermometer erleichtert das Beobachten des Vorganges. Hohe Wände und ein dicker Boden sorgen für gute Wärmeverteilung.

4. Turmförmiger Dampfgarer

Im turmförmigen Dampfgarer ist ganz schnell ein komplettes Menü bereitet. Alle Komponenten garen schonend und fettfrei.

- Vor dem Start Wasser in den Wassertank füllen. Dampfrohr und Saftauffangschale einsetzen. Dampfaufsätze mit den Menükomponenten füllen.
- In den unteren Aufsatz große Stücke mit der längsten Garzeit legen, z. B. Kartoffeln. Reis in die Reisschale füllen und auch unten garen. Haben die Komponenten eine verschiedene Gardauer, die Speisen mit der längeren Gardauer zuerst garen, bis Restkochzeit und Garzeit der noch zuzubereitenden Speisen übereinstimmen.

Im Bambuskorb können verschiedene Zutaten durch heißen Dampf gleichzeitig gegart werden.

Die kombinierten Dampfgarer können sowohl zum reinen Dämpfen als auch als Backrohr mit Heißluft genutzt werden.

- In die Mitte Gemüse, wie Karotten, Broccoli und Blumenkohl, plus Gewürze und Kräuter geben.
- Zutaten gleich groß schneiden und nicht zu dicht legen, so strömt der Dampf besser durch das Gargut.
- In den oberen Aufsatz gehört z. B. Fisch, er benötigt nur etwa 8 bis 10 Minuten
- Deckel aufsetzen. Über die Menü-Taste Zeit einstellen und das Garen starten.
- Bevor das Wasser im Tank verdampft ist, etwas nachfüllen.

5. Dampfgarer/Kombidämpfer

In modernen Küchen befinden sich immer öfter Dampfgaröfen mit Dampf, Heißluft, Klimaregelung und Thermometer.
Neben den erwähnten Vorteilen schließt das Garen in solchen Öfen die Zellen von Gemüse bekömmlicher auf.

Pasta e fagioli/Bohnensuppe (Hülsenfrüchte), gedünstete Karotten, Kohlrabi, Zucchini (Gemüse) und Käsespatzlen (Stärkegericht) bilden eine ausgeglichene Ernährung.

- Süße wie pikante Speisen garen zeitgleich, ohne dass sich Aromen übertragen.
- Hitze und Feuchte sind wählbar.
- Sind die Speisen erst einmal im Ofen, brauchen sie keine Aufsicht mehr.

AROMA-TRICKS

- Kräuter immer mit einem sehr **scharfen Messer** fein schneiden, seltener hacken. Auf keinen Fall quetschen, sonst geht viel Aroma verloren.
- Ein **Kunststoffbrett** zum Zerkleinern ist besser als eines aus Holz, denn so »versickert« der wertvolle Saft der Kräuter nicht in den Poren des Brettes.
- Kräuter erst in **letzter Minute** schneiden und dann gleich verarbeiten.
- Kräuter, die nicht sofort verbraucht werden, lose in **Gefrierbeutel** verpacken. So halten sie sich im Gemüsefach des Kühlschranks einige Tage frisch.
- Zartblättrige Kräuter wie Kerbel, Basilikum, Minze, Dill und Melisse möglichst **nicht mitkochen!**

Wie wird Knoblauch milder?

Was muss ich machen, damit frischer Knoblauch nicht so scharf und intensiv schmeckt?

- Halbieren Sie die einzelnen Zehen längs und schneiden Sie den grünen Keim (Herz) heraus: Das macht Knoblauch milder.
- Außerdem können Sie anstelle einer zerdrückten eine ungeschälte Knoblauchzehe mitkochen. So erhält das Gericht eine zarte Knoblauchnote. Vor dem Servieren Knoblauch entfernen.

Das Gemüse ist bitter: Was kann ich machen?

Häufig kommt bitterer Geschmack von übermäßigem Düngen, wobei einige Gemüse erst ihren Reiz von der bitteren Komponente ihres Geschmacks beziehen. Was wären aber Chicorée und Radicchio ohne die bittere Komponente? Außerdem sind Bitterstoffe **sehr gesund.** Ist die bittere Note aber zu intensiv, helfen ein paar Tricks:

- Beim Spargel kann man neben einer großzügigen Menge Zucker ein Stück **Weißbrot** mit ins Kochwasser geben, das die Bitterstoffe absorbiert.
- Manche Wintergemüse wie Rosenkohl oder Grünkohl sollten erst einmal **Frost** bekommen haben, um ihre Bitterkeit zu verlieren.
- Ein kurzes **Blanchieren** (in kochendem Wasser überbrühen) in kräftig gesalzenem Wasser vor der eigentlichen Zubereitung löst meist schon viele der unerwünschten Bitterstoffe.
- Manchmal hat man auch einen leicht bitteren Geschmack bei Gemüse, das Oxalsäure enthält – zum Beispiel Spinat, Sauerampfer, Mangold oder bei Rhabarber: Dagegen hilft eine kleine Prise **Zucker.**

Alternative Produkte zu Fleisch

Fleischersatz

Als Fleischersatz werden Lebensmittel bezeichnet, die geschmacklich, haptisch oder vom **Eiweißgehalt** her Fleisch ähneln, ohne aus Fleisch hergestellt zu sein.
Die Verwendung von Fleischersatz hat verschiedene Gründe. In der japanischen Küche, in der bis ins 20. Jahrhundert aufgrund des knappen Landes kaum Fleisch verwendet wurde, haben **Tofu** und **Seitan** eine lange Tradition als eiweißreiche pflanzliche Lebensmittel, ebenso Pilze und Gemüse. Einige Pilze und Gemüse können direkt wie Fleisch gebraten werden und behalten bei richtiger Zubereitung eine ähnlich bissfeste Konsistenz. Besonders einige Pilze haben darüber hinaus einen fleischähnlichen Geschmack. Beim Anbra-

[1] Bio-Lyoner mit Gemüse [2] Soja-Bolognese-Sauce [3] Vegetarische Teewurst [4] Seitan vom Grill [5] gefülltes Sojafilet mit Champignons [6] Tofufilet [7] Dinkel-Tofu [8] Tofu [9] Tempeh [10] Tofubutter [11] Seitan vom Grill [12] Bio-Drink auf Sojabasis [13] Soja-Bechamel [14] Sojajoghurt

ten bilden sich durch die Maillard-Reaktion Röststoffe, die sie zusammen mit den enthaltenen Aromastoffen besonders würzig machen. Diese Pilze und Gemüse enthalten jedoch nicht überdurchschnittlich viel Eiweiß, weshalb sie eher geschmacklich und haptisch als Fleischersatz gelten können.

- **Austernseitling:** Wird auch »Kalbfleischpilz« genannt und hat eine dem Kalbfleisch vergleichbare Farbe und Konsistenz. Der Geschmack ist sehr mild, weshalb er kräftig goldbraun angebraten werden sollte.
- **Brätling:** Aromatischer Pilz, der gebraten und nicht gedünstet oder gekocht werden sollte.
- **Knollensellerie:** Als Sellerieschnitzel ein Klassiker der vegetarischen Küche.
- **Parasol:** Die Hüte dieses Pilzes werden gebraten oder frittiert, auch paniert wie Wiener Schnitzel. Der Geschmack erinnert etwas an Wild.

Knollensellerie

- **Shiitake:** Sehr würziger, festfleischiger Pilz mit rindfleischähnlichem Aroma.
- **Weiße Rübe (Krautrübe):** Kann ähnlich wie Sellerie zubereitet werden, hat aber einen milderen, süßeren Geschmack. Sie diente vor allem in Notzeiten als Fleischersatz.

Weiße Rübe

- **Steinpilz:** Besonders getrocknet verleiht er Gerichten einen kräftigen Geschmack.

Steinpilz

Alternative Eiweißquellen

In der asiatischen Küche hat die Gewinnung eiweißreicher **Produkte aus Hülsenfrüchten,** vor allem Soja, und aus **Getreide** eine lange Tradition. Vergleichbar zur Käseherstellung wird dabei das enthaltene Eiweiß durch Gerinnung ausgefällt und gesammelt, wodurch sich die Eiweißkonzentration auf mit Fleisch vergleichbare Mengen erhöht. Das Verhältnis der Aminosäuren ist jedoch meist ungünstiger als bei Fleisch, was diese Produkte für den Eiweißaufbau weniger effizient macht. Der Geschmack ist sehr mild.

- **Seitan** (Weizenfleisch): Durch Auswaschen von Mehlteig gewonnenes Weizeneiweiß mit fleischähnlicher Konsistenz.
- **Soja-Granulat:** Geschrotete Sojabohnen, die eingeweicht wie Hackfleisch verwendet werden können.
- **Tempeh:** Gekochte Sojabohnen werden mit einem Schimmelpilz geimpft und fermentiert. Die mild-nussig schmeckende Masse ähnelt reifen Edelpilz-Käsen und kann gebraten oder frittiert werden.
- **Tofu** (Sojaquark): Das Sojaeiweiß gerinnt in einem ähnlichen Prozess wie Milcheiweiß bei der Herstellung von Frisch- oder Molkenkäse.

Soja und Tofu: gesunde Exoten

Soja: Ob Sojamilch, -sahne oder -quark, Sojasauce, Miso, Tamari, Tofu oder Tempeh: Soja wird nicht nur bei Naturköstlern und Vegetariern immer beliebter.
Soja ist eine Hülsenfrucht und wächst in nur 100 Tagen an der einjährigen strau-

chigen Sojapflanze. Beeindruckend ist die Vielfalt der Sojaprodukte: getrocknet oder frisch, zerkleinert, gekeimt als Sprossen, geröstet zu Mehl gemahlen, zu Öl gepresst, zu Saucen oder Tempeh fermentiert, sogar als Kaffeesurrogat und Fleischersatz.
In der Heimat Asien hat Soja eine lange Tradition als Würzmittel in Form von Sojasauce, Miso und Tamari und als Spezialität wie Tofu und Tempeh.

GESUNDES AUS SOJA

Traditionelle ostasiatische Lebensmittel wie **Sojasauce, Tofu** und **Sojagetränk** werden immer beliebter. Daneben enthält unsere ganz alltägliche Kost in Speiseölen, Margarinen, Backwaren und Fischkonserven Bestandteile der Sojabohne.

Zubereitung Sojabohne

Der Handel bietet vorwiegend ganze gelbe Sojabohnen an. Sie können wie Hülsenfrüchte gekocht und zu **Bratlingen, Eintöpfen, Salaten** oder als **Gemüsebeilage** zubereitet werden.
Zur Selbstherstellung von Sojagetränk, Joghurtersatz aus Soja und Tofu eignen sie sich ebenfalls.

Tofu – der Sojakäse

Tofu ist ein »kulinarisches Chamäleon«: leicht und bekömmlich, kalorienarm, cholesterinfrei und reich an hochwertigem Eiweiß. Gedämpft, frittiert, gegrillt und gebraten lässt es sich

Tofu

Sojabohnen und Sojamilch

zu Schnitzeln, Burgern, Nocken oder als Pastafüllung verarbeiten. Ob deftig oder süß, Tofu schmeckt als Salat, Brotaufstrich und als Dessert. Der Kochfantasie sind keine Grenzen gesetzt, ganz im Gegenteil: Sein neutraler Geschmack fordert Köche zu kreativen Experimenten heraus.
Neben den Klassikern Sojamilch, Sojasauce und Gewürzen, wie **Miso** und **Tamari,** findet man in den Regalen auch Tofu in verschiedenen Geschmacksrichtungen sowie Tempeh.
Würziger Räuchertofu ist sehr beliebt, auch fertige Aufschnittrollen, Terrinen, Würstchen, Bratlinge, Aufstriche und

SOJAPRODUKTE

Soja kann zu vielen verschiedenen Produkten verarbeitet werden: In verhältnismäßig wenigen Herstellungsschritten lassen sich aus der ganzen Bohne beispielsweise Sojamehl, Sojaflocken, Sojagranulat und Sojaöl gewinnen. Mehr Aufwand erfordert dagegen die Erzeugung von Sojaprodukten wie Sojamilch, Tofu, Tempeh, Sojasauce, Natto und Miso.

TIPP

Beim Erhitzen von Sojamilch entsteht durch einen Gerinnungsprozess eine quarkähnliche Masse. Durch Auspressen überschüssiger Flüssigkeit entsteht Tofu. Er ist fester als Topfen (Quark) und geschmacksneutral.
Neben Tofu mit Gemüse, Champignons und **Haselnüssen** sowie **Räuchertofu** werden **»Nachahmungen üblicher Lebensmittel« aus Fleisch, Milch oder Ei** angeboten.

Würzpasten aus kontrolliert biologischen Zutaten werden immer raffinierter. Es gibt Schnitten und Taler zum Braten in der Pfanne, Aufschnitt und fleischfreie Grillwürstchen.

Seitan

Seitan ist ein Nahrungsmittel mit hohem Proteingehalt. Es wird durch Auswaschen der Stärke aus Weizen gewonnen. Das verbleibende Klebereiweiß (Gluten) hat eine faserige, schnittfeste Struktur. Seitan kann natur oder paniert, gebraten, gekocht oder frittiert zubereitet werden. Ebenso ist es als »Schnitzel«, »Gulasch« oder als Suppenbeilage geeignet.
Einige Vegetarier fühlen sich denn auch durch Aussehen, Biss und (je nach Würze) den Geschmack von Seitan fast schon wieder zu sehr an Fleisch erinnert. Seitan hat einen hohen Eiweißgehalt, im Unterschied zu Fleisch enthält es jedoch kein Cholesterin und so gut wie kein Fett.

Seitan

Einkauf

Tofu, Tempeh, Soja, Miso usw. sind in asiatischen Lebensmittelgeschäften und in Naturkostläden erhältlich.

Bratlinge

Beim Ersetzen von Hackfleisch in Bratlingen und Braten sind der Fantasie kaum Grenzen gesetzt. Hier eine kleine Auswahl der denkbaren Möglichkeiten:

- Sojaeiweiß in Form von getrockneten Faserstücken als Fleischersatz muss vor der Verwendung eingeweicht werden.
- Grob geschrotetes oder gequetschtes Getreide ist die bekannteste Alternative: Dazu wird das Getreide in kochende Gemüsebrühe gegeben und anschließend bei niedriger Temperatur eingeweicht. Die entstandene Masse kann meist ohne zusätzliche Bindemittel zu Bratlingen, Füllungen oder Braten verarbeitet werden.
- Besonders gut zur Bereitung von Braten und Bratlingen eignen sich der würzige Grünkern oder auch Hirse, Dinkel, Amaranth.
- Die Zugabe von klein geschnittenem oder geraspeltem Gemüse, Kräutern und etwas Fett verfeinert den Geschmack.
- Zum Binden der Bratlingsmasse können Sojamehl, Johannisbrotkernmehl, Stärke (oder Eiweiß) verwendet werden.

Peperoni (Paprikaschoten/Paprika) vorbereiten

Peperoni waschen und mit dem Sparschäler rundum schälen.

Halbieren, Strunk und weiße Scheidewände entfernen. Kerne unter fließendem Wasser auswaschen.

Peperoni vierteln, etwas flach drücken und der Länge nach in dünne Streifen schneiden.

Die Streifen mit einem großen Messer in feinste Würfelchen *(Brunoise)* schneiden.

Zucchini vorbereiten

Zucchini waschen, Stiel- und Blütenansatz entfernen und in gleich große Stücke schneiden.

Grüne Schale rundherum abschneiden. Das »Weiße« kann für eine Gemüsebrühe verwendet werden.

Schale in Streifen *(Julienne)* schneiden. Streifen können roh oder gekocht verwendet werden.

Zum Schluss mit einem großen Messer in feinste Würfelchen *(Brunoise)* schneiden.

Lauch vorbereiten

Vom Lauch die dunklen Blätter entfernen. Halbieren und unter fließendem Wasser Sand auswaschen.

In Stücke schneiden. Die Länge der Streifen sollte eine Löffelbreite nicht überschreiten.

Den Lauch flach drücken und in Streifen *(Julienne)* schneiden.

Nun mit einem großen Messer in feinste Würfelchen *(Brunoise)* schneiden.

Stangensellerie vorbereiten

Vom Sellerie die Blätter entfernen, Stangen waschen und in ca. 4 cm lange Stücke schneiden.

Die Selleriestücke mit der Hand flach drücken, damit dann gleich große Streifen entstehen.

In Streifen schneiden. Die Streifen können von feinst bis fein reichen oder Stäbchenform haben.

Zum Schluss in feinste Würfelchen *(Brunoise)* schneiden und bereitstellen.

Chicoréesalat mit Gorgonzolacreme und Birnen

FÜR 4 PERSONEN

Gorgonzolacreme

100 g	Gorgonzola (cremige Sorte)
80 g	Topfen (Quark)
1 EL	Walnüsse, grob gehackt
1 EL	Schnittlauch, fein geschnitten
	Salz
	Pfeffer aus der Mühle

Chicoréesalat

200 g	Chicorée
1	Birne
1 EL	Zitronensaft

Weiteres

1 EL	Schnittlauch, fein geschnitten zum Garnieren
2 EL	Rohnensprossen zum Garnieren
1 EL	Olivenöl zum Beträufeln

Gorgonzolacreme

- Gorgonzola in einer Schüssel mit einer Gabel zerdrücken, mit Topfen, Walnüssen, Schnittlauch, Salz und Pfeffer vermischen, cremig rühren und bereitstellen.

Chicoréesalat

- Chicorée putzen, Blätter ablösen, waschen und trocknen.
- Birne waschen, schälen, halbieren, entkernen und in dünne Scheiben schneiden. Sofort mit Zitronensaft beträufeln.

Fertigstellung

- Die Chicoréeblätter auf Teller verteilen, mit Gorgonzolacreme füllen, mit Birnenscheiben belegen, mit Schnittlauch und Rohnensprossen garnieren, mit Olivenöl beträufeln und servieren.

TIPPS

1. *Statt Chicorée eignen sich Radicchio, Vogele- oder Löwenzahnsalat.*
2. *Rohnensprossen können Sie durch Kresse oder Rucola ersetzen.*
3. *Anstelle der Birnen verwenden Sie Granatapfelkerne, Melonen- oder Marillenwürfel.*
4. *Den Gorgonzola ersetzen Sie durch Roquefort oder Ziegenkäse.*

Gegrillter Radicchio auf Kartoffelrösti

Für 4 Personen

Radicchio

200 g	Radicchio trevisano
	Salz
	Pfeffer aus der Mühle
2 EL	Olivenöl
1	Knoblauchzehe, fein geschnitten
1 EL	Petersilie, fein geschnitten

Kartoffelrösti

20 g	Zwiebeln, fein geschnitten
2 EL	Butter
200 g	mehlige Kartoffeln, grob gerieben
	Salz
	Pfeffer aus der Mühle
	Öl zum Braten

Weiteres

1 EL	Petersilienblätter zum Garnieren
2 EL	Parmesan, gerieben

Radicchio: etwa 8 Minuten

Kartoffelrösti: etwa 8 Minuten

Radicchio

- Den Wurzelansatz des Radicchios mit einem Gemüsemesser zuschneiden, dann den Radicchio in Viertel schneiden und etwa 10 Minuten in lauwarmes Wasser legen, damit er etwas an Bitterstoffen verliert.
- Radicchio gut abtrocknen, mit Salz und Pfeffer würzen und in etwas Olivenöl in einer Grillpfanne oder Pfanne langsam auf beiden Seiten grillen, mit Knoblauch und Petersilie bestreuen, dann zugedeckt warm stellen.

Kartoffelrösti

- Zwiebeln in Butter dünsten, mit frisch geriebenen Kartoffeln (wenn die Kartoffeln zu nass sind, etwas ausdrücken) vermischen, salzen und pfeffern.
- In einer beschichteten Pfanne etwas Öl erhitzen, die Kartoffeln häufchenweise in die Pfanne geben, flach drücken und beidseitig braten.

Fertigstellung

- Die Kartoffelrösti auf Tellern anrichten, mit gegrilltem Radicchio belegen, mit Petersilie und Parmesan bestreuen und servieren.

TIPPS

1. *Sie können den Radicchio auch noch mit etwas Bergkäse gratinieren.*
2. *Anstelle des Radicchios können Sie auch Chicorée verwenden.*
3. *Sie können die Kartoffelrösti auch mit Grillgemüse servieren.*

Gebackener Camembert auf Rotkrautsalat und Trauben

FÜR 4 PERSONEN

Gebackener Camembert

100 g	Camembert
	Salz
	Pfeffer aus der Mühle
	Mehl, Ei und Brotbrösel zum Panieren

Rotkrautsalat

200 g	Rotkraut
1 EL	Rotweinessig
½	Apfel, in feine Streifen geschnitten
30 ml	Orangensaft
1 TL	Orangenschale, gerieben
20 g	Nussöl
	Salz
½ TL	Kümmel
	Pfeffer aus der Mühle

Weiteres

	Backfett
100 g	halbierte, entkernte Trauben zum Garnieren

Camembert: etwa 180 Grad
Camembert: etwa 3 Minuten
Rotkrautsalat: etwa 3 Minuten

Gebackener Camembert

- Camembert in Ecken schneiden und eventuell mit etwas Salz und Pfeffer würzen.
- Käse in Mehl wenden, durch das verquirlte Ei ziehen und mit Brotbröseln panieren.

Rotkrautsalat

- Rotkraut putzen, waschen, halbieren, den Strunk entfernen und in sehr feine Streifen schneiden.
- Rotkraut in Salzwasser mit Rotweinessig kurz kochen, abseihen und erkalten lassen.
- Rotkrautsalat mit Apfelstreifen, Orangensaft, Orangenschale, Nussöl, Salz, Kümmel und Pfeffer marinieren.

Fertigstellung

- Den Käse im heißen Fett backen.
- Den gebackenen Camembert mit Rotkrautsalat und halbierten Trauben anrichten und servieren.

TIPPS

1. *Servieren Sie anstelle des Rotkrautsalates eine Remouladensauce (siehe Seite 70), eine Tatarsauce oder feine Blattsalate.*
2. *Statt Camembert können Sie auch Brie oder einen Ziegenweichkäse verwenden.*

Avocado mit Mango und Fenchel

Für 4 Personen

Zutaten

2	sehr reife Avocados
1	reife Mango

Ingwerdressing

40 ml	Olivenöl
2 EL	Zitronensaft
3 EL	Orangensaft
1 Msp.	Ingwer, fein gerieben
	Salz
	Pfeffer aus der Mühle

Weiteres

100 g	Fenchel, in feine Streifen gehobelt
4	Radieschen, in feine Scheiben geschnitten
1 EL	Dill

Zubereitung

- Avocados schälen, halbieren und entkernen. Avocadohälften dritteln und auf Teller verteilen.
- Mango schälen, in kleine Würfel schneiden und auf die Avocados streuen.

Ingwerdressing

- Olivenöl, Zitronensaft, Orangensaft, Ingwer, Salz und Pfeffer zu einem Dressing verrühren.

Fertigstellung

- Fenchelstreifen mit dem Dressing marinieren und auf die Avocados geben.
- Mit Radieschenscheiben und Dill garnieren und servieren.

TIPPS

1. *Zu Avocado mit Mango und Fenchel passt eine Frischkäsemousse.*
2. *Als geschmackliche Ergänzung können Sie gehackte Walnüsse unter den Salat mischen.*
3. *Anstatt Mango verwenden Sie Papaya, Ananas oder Litschi.*
4. *Servieren Sie anstelle des Ingwerdressings ein Joghurtdressing.*

Rohnen mit Burrata und Walnüssen

FÜR 4 PERSONEN

Zutaten

4	kleine Rohnen
	Salz
1 TL	Kümmel
1 EL	Butter
30 ml	Olivenöl
30 ml	Apfelessig
	Pfeffer aus der Mühle

Weiteres

400 g	Burrata (Frischkäse)
100 g	Walnüsse
1 TL	Kümmel
1 EL	Petersilie, fein geschnitten
	Olivenöl zum Beträufeln
	Kerbelblätter zum Garnieren

etwa 140 Grad

etwa 1 ½ – 2 Stunden

Zubereitung

- Rohnen gut waschen, einzeln mit etwas Salz, Kümmel und Butter in Alufolie einwickeln und im Backofen garen.
- Rohnen aus der Folie nehmen, schälen und in Spalten schneiden; mit Olivenöl, Apfelessig, Salz und Pfeffer marinieren.
- Burrata in Stücke schneiden und mit Rohnen auf Tellern anrichten. Walnüsse, Kümmel und Petersilie darüberstreuen, mit etwas Olivenöl beträufeln, mit Kerbel garnieren und servieren.

TIPPS

1. *Machen Sie mit einem Holzspieß die Garprobe bei den Rohnen: Wenn sich der Spieß leicht herausziehen lässt, sind die Rohnen gar.*
2. *Anstelle der Rohnen können Sie auch Kartoffeln verwenden.*
3. *Statt der Burrata können Sie dieses Gericht auch mit Gorgonzola oder Mozzarella zubereiten.*
4. *Sie können auch gelbe oder weiße Rohnen verwenden.*

Buchweizenteigtaschen mit Pilzfüllung

FÜR 4 PERSONEN

Pilzfüllung

300 g	Pilze (Pfifferlinge, Champignons, Pioppini)
30 g	Lauch
1	Knoblauchzehe
30 g	Butter
1 TL	Schnittlauch, fein geschnitten
1 TL	Petersilie, fein geschnitten
30 g	Parmesan, gerieben
	Salz
	Pfeffer aus der Mühle

Buchweizenteig

100 g	feines Buchweizenmehl
50 g	Mehl
70 g	gekochte Kartoffeln, fein passiert
1 EL	weiche Butter
2	Eigelb
	Salz

Weiteres

200 g	geröstete Pilze (Pfifferlinge, Champignons, Pioppini)
	Petersilie zum Garnieren
	Parmesan, gerieben

Pilzfüllung

- Pilze putzen, waschen und blättrig schneiden.
- Lauch und Knoblauch fein schneiden und in etwas Butter dünsten, dann Pilze dazugeben und kurz mitdünsten.
- Alles einkochen lassen, mit Schnittlauch, Petersilie, Parmesan, Salz und Pfeffer würzen, danach kalt stellen.

Buchweizenteig

- Buchweizenmehl, Mehl, passierte Kartoffeln, Butter und Eigelb zu einem geschmeidigen Teig verkneten und bereitstellen.

Fertigstellung

- Den Buchweizenteig dünn ausrollen, runde Blätter ausstechen und mit der erkalteten Füllung füllen. Den Rand mit etwas Wasser bestreichen, zu Halbmonden zusammenlegen, gut verschließen und in Salzwasser kochen.
- Die Buchweizenteigtaschen mit gerösteten Pilzen und Petersilie garnieren, mit Parmesan bestreuen und servieren.

Pilze: etwa 6 Minuten

Buchweizenteigtaschen: etwa 4 Minuten

TIPPS

1. *Sie können die Pilzfüllung auch mit etwas Parmesan leicht binden.*
2. *Sie können die Teigtaschen auch mit gerösteten Nüssen und Peperonirauten servieren.*
3. *Anstelle des Buchweizenteiges kann auch ein Eiernudelteig (siehe Seite 32) oder Kartoffelteig verwendet werden.*

Ravioli mit weißer Polentafüllung und Gorgonzola

Für 4 Personen

Polentafüllung

160 ml	Wasser
1	Thymianzweig
	Salz
1 EL	Nussöl
70 g	weißes Polentamehl, mittelfein
2 EL	Parmesan, gerieben
	Pfeffer aus der Mühle

Eiernudelteig

100 g	Mehl
1	Ei
	Salz
1 TL	Olivenöl

Weiteres

120 g	Gorgonzola
2 EL	Walnüsse, gehackt
2 EL	Parmesan, gerieben
2 EL	braune Butter zum Beträufeln

Polenta: etwa 20 Minuten

Ravioli: etwa 4 Minuten

Polentafüllung

- Wasser in einem Topf zum Kochen bringen, Thymian, Salz und Nussöl hinzufügen.
- Weißes Polentamehl langsam mit einem Schneebesen einrühren, um die Klümpchenbildung zu vermeiden. Weiterrühren, bis die Polenta fest ist.
- Anschließend unter zeitweisem Umrühren mit einem Holzlöffel langsam kochen lassen.
- Zum Schluss mit Parmesan und Pfeffer würzen, Thymianzweig herausnehmen und bereitstellen.

Eiernudelteig

- Mehl, Ei, Salz und Olivenöl zu einem glatten Teig verkneten und etwa 20 Minuten zugedeckt ruhen lassen.

Fertigstellung

- Den Nudelteig mit der Nudelmaschine dünn ausrollen, auf ein Nudelblatt die Polentafüllung geben. Ein zweites Blatt darüberlegen, fest andrücken und 4 cm große Ravioli ausstechen. Die Ravioli nochmals an den Seiten zusammendrücken und in Salzwasser kochen.
- Die gekochten Ravioli auf Teller geben, mit Gorgonzola belegen, Parmesan und gehackte Walnüsse darüberstreuen; mit brauner Butter beträufeln und servieren.

Tipps

1. *Anstelle des Eiernudelteiges können Sie auch einen Spinat-Nudelteig verwenden.*
2. *Ergänzen Sie die braune Butter mit zerbröselten Amaretti-Keksen und gegebenenfalls 1 Esslöffel gehackter Sardellen.*
3. *Statt Gorgonzola verwenden Sie Berg- oder Ziegenkäse.*

Kartoffelspaghetti auf Gemüseragout

FÜR 4 PERSONEN

Kartoffelspaghetti

220 g	Mehl
80 g	gekochte Kartoffeln, fein passiert
40 ml	lauwarmes Wasser
1 TL	Olivenöl
1 Msp.	Muskatnuss
	Salz

Gemüseragout

150 g	Zucchini
150 g	gelbe oder rote Peperoni
100 g	Melanzane
4 EL	Olivenöl
1	Schalotte, fein geschnitten
1	Knoblauchzehe, fein gehackt
200 g	Tomaten, geschält und in feine Würfel geschnitten
1 EL	Petersilie, fein geschnitten
1 EL	Estragon oder Basilikum
	Salz
	Pfeffer aus der Mühle

Weiteres

Kerbel und Kresse zum Garnieren

Gemüseragout: etwa 8 Minuten
Kartoffelspaghetti: etwa 6 Minuten

Kartoffelspaghetti

- Mehl, passierte Kartoffeln, Wasser, Olivenöl, Muskatnuss und Salz zu einem geschmeidigen Teig verkneten und etwas ruhen lassen.
- Aus dem Teig gleich dicke Stränge formen (2 cm Ø), 1 cm lange Stücke abschneiden und diese dann zu etwa 10 cm langen Spaghetti rollen.

Gemüseragout

- Zucchini putzen und waschen, Peperoni und Melanzane putzen, waschen und schälen. Alles in kleine Würfel schneiden.
- Olivenöl erwärmen und Schalotten und Knoblauch leicht erhitzen. Das Gemüse dazugeben und mitdünsten.
- Tomaten dazugeben und mitdünsten; mit Petersilie, Estragon, Salz und Pfeffer würzen.

Fertigstellung

- Die Kartoffelspaghetti in reichlich Salzwasser kochen, abseihen und auf dem Gemüseragout anrichten. Mit Kerbel und Kresse garnieren und servieren.

TIPPS

1. *Folgende Nudelsorten können Sie für dieses Gemüseragout genauso verwenden: Bavette, Spaghetti, Maccheroni, Orecchiette usw.*
2. *Servieren Sie die Kartoffelspaghetti mit einer Tomaten- oder Pilzrahmsauce.*
3. *Sie können die Kartoffelspaghetti auch mit etwas Safranpulver einfärben.*

Gemüseeintopf mit wachsweichen Wachteleiern

Für 4 Personen

Zutaten

50 g	Sellerieknolle
50 g	Karotten
50 g	gelbe Karotten
50 g	grüner Spargel
50 g	Fenchel
50 g	Zwiebeln
2 EL	Olivenöl
1,2 l	Wasser
1 TL	Ingwer, fein gerieben
1	Chilischote, fein geschnitten
1	Lorbeerblatt
	Salz
50 g	Kirschtomaten
8	weich gekochte Wachteleier, geschält und halbiert
1 EL	Schnittlauch, fein geschnitten
1 EL	Petersilienblätter

Gemüseeintopf: etwa 30 Minuten
Wachtelei: etwa 3 Minuten

Zubereitung

- Sellerieknolle, Karotten, gelbe Karotten, Spargel und Fenchel putzen, schälen, waschen und in beliebige Stücke schneiden.
- Zwiebel schälen, in feine Würfel schneiden und in Olivenöl dünsten.
- Das Gemüse dazugeben und mitdünsten.
- Mit Wasser aufgießen, mit Ingwer, Chili, Lorbeer und Salz würzen und kochen lassen.
- Kirschtomaten dazugeben und kurz ziehen lassen.
- Den Eintopf mit weich gekochten, geschälten und halbierten Wachteleiern, Schnittlauch und Petersilienblättern garniert servieren.

VARIATION

Curry-Gemüse-Eintopf: Das Gemüse und die Zwiebeln in etwa 3 cm lange Streifen schneiden und wie beim Gemüseeintopf zubereiten. Mit Zucker, Senfkörnern und Curry würzen und mit gekochten Broccoli und gebratenen Tofuwürfeln servieren. Diesen Gemüseeintopf können Sie auch ohne Tomaten und Wachteleier servieren (siehe Titelbild).

TIPPS

1. *Geben Sie in den letzten 10 Minuten noch Lauch, Zucchini, Spinat, grünen Bohnen oder Tomaten zum Eintopf.*
2. *Sie können den Eintopf auch mit gekochtem Reis oder gekochten Nudeln vollenden.*
3. *Anstelle der Wachteleier verwenden Sie Hühnereier (Kochzeit: 7 Minuten).*
4. *Bestreuen Sie den Eintopf mit geraspeltem Alm- oder Parmesankäse.*

Kichererbseneintopf

FÜR 4 PERSONEN

Zutaten

150 g	getrocknete Kichererbsen
50 ml	Olivenöl
150 g	Lauch oder Zwiebeln, in kleine Würfel geschnitten
1	Knoblauchzehe, fein gehackt
2 l	Wasser
	Salz
1 TL	Ingwer, gerieben
1 TL	geriebene Kurkumawurzel oder Kurkumapulver
120 g	Fenchelknolle, in Würfel geschnitten
150 g	Tomaten, geschält und in Würfel geschnitten
100	gekochte Erbsenschoten, halbiert
1 EL	Petersilie, fein geschnitten
1 EL	Basilikum, fein geschnitten
	Kurkumawurzelscheiben zum Garnieren

etwa 1 Stunde

Zubereitung

- Kichererbsen waschen und etwa 10 Stunden in kaltem Wasser quellen lassen, dann abseihen.
- In einem Topf Olivenöl erhitzen, Lauch und Knoblauch darin andünsten, Kichererbsen dazugeben. Mit Wasser aufgießen und zugedeckt etwa 1 Stunde kochen lassen.
- Am Ende der Garzeit salzen (zu frühes Salzen verhärtet den Zellkern der Kichererbsen, und sie bleiben hart).
- Ingwer, Kurkuma und Fenchel dazugeben und weitere 10 Minuten kochen lassen.
- Tomaten und Erbsenschoten dazugeben, noch einige Minuten mitkochen, mit Petersilie und Basilikum würzen, mit den Kurkumawurzelscheiben garnieren und servieren.

TIPPS

1. *Sie können auch andere Gemüsesorten mitkochen, z. B. Karotten, Sellerieknolle, Petersilienwurzel usw.*
2. *Dieser Eintopf eignet sich sehr gut als Hauptgericht.*
3. *Anstelle von Kurkuma verwenden Sie Safranfäden.*

Kürbistörtchen auf Rahmsauce

Für 4 Personen
(ergibt 4 kleine Formen mit 8 cm Ø)

Teig

150 g	Mehl
70 g	Butter
1	Eigelb
2 EL	Sahne
	Salz

Kürbisfüllung

50 g	weißer Lauch oder Zwiebeln, fein geschnitten
1 TL	Butter
200 g	Kürbis, in Würfel geschnitten (Hokkaido-Kürbis)
	Salz
	Pfeffer aus der Mühle

Guss

80 ml	Milch
60 ml	Sahne
2	Eier
1 EL	Parmesan, gerieben
	Salz
	Pfeffer aus der Mühle

Weiteres

	zerlassene Butter zum Ausstreichen der Form
150 ml	Rahmsauce (200 ml Sahne um ein Viertel einkochen, mit Salz, Pfeffer und Parmesan verfeinern)
1 EL	Petersilie, fein geschnitten
2 EL	Parmesan, gerieben
2 EL	braune Butter

Teig

- Mehl, Butter, Eigelb, Sahne und Salz rasch zu einem geschmeidigen Teig verkneten, mit Klarsichtfolie abdecken und mindestens 30 Minuten zugedeckt ruhen lassen.

Kürbisfüllung

- Weißen Lauch in einer Pfanne mit Butter dünsten, Kürbiswürfel dazugeben und langsam weich dünsten, mit Salz und Pfeffer würzen.

Guss

- Milch, Sahne, Eier, Parmesan, Salz und Pfeffer verquirlen.

Fertigstellung

- Den Teig mit dem Rollholz dünn ausrollen, die Formen mit Butter ausstreichen und mit dem Teig auslegen.
- Die Kürbisfüllung darauf verteilen, den Guss darübergießen und im vorgeheizten Backofen backen.
- Die Rahmsauce auf Teller verteilen, die Kürbistörtchen darauflegen, mit Petersilie und Parmesan bestreuen, mit brauner Butter übergießen und servieren.

Kürbis: etwa 3 Minuten
Kürbistörtchen: etwa 180 Grad
Kürbistörtchen: etwa 20 Minuten

TIPPS

1. *Zur Abwechslung können Sie die Törtchen auch mit Spinat, Peperoni oder Zucchini füllen.*
2. *Anstelle dieses Teiges können Sie auch einen Topfen- oder Blätterteig verwenden.*

Kräuterauflauf auf eingelegten Datteltomaten

FÜR 4 PERSONEN

Kräuterauflauf

- 30 g Butter
- 40 g Mehl
- 125 ml heiße Milch
- 3 Eigelb
- 40 g gekochte und pürierte Kräuter (Brennnessel oder Spinat, Petersilie, Kerbel)
- Salz
- 20 g Parmesan, gerieben
- 3 Eiweiß

Eingelegte Datteltomaten

- 400 g Datteltomaten
- 1 Knoblauchzehe, fein gehackt
- 2 EL Olivenöl
- 1 TL Ingwer, gerieben
- Salz

Weiteres

- cremig gerührte Butter zum Ausstreichen der Formen
- Brotbrösel für die Formen
- 2 EL Parmesanspäne zum Garnieren
- Kerbel, Sauerklee, Dill, Ringelblumen, Borretsch- und Nelkenblüten zum Garnieren

Kräuterauflauf

- Butter schmelzen, Mehl einrühren, mit heißer Milch aufgießen und eine dicke Béchamelsauce kochen.
- Eigelb und pürierte Kräuter unter die Béchamelsauce rühren. Mit Salz und Parmesan würzen.
- Auflaufformen mit cremig gerührter Butter ausstreichen und mit Brotbröseln ausstreuen.
- Eiweiß steif schlagen (erst dann, wenn die ersten Arbeitsgänge ausgeführt sind).
- Ein Drittel des geschlagenen Eiweißes unter die Masse rühren, restliches Eiweiß vorsichtig unterheben.
- Die Masse in die Formen ¾ voll einfüllen und im Wasserbad im Backofen bei Ober- und Unterhitze zugedeckt garen.

Eingelegte Datteltomaten

- Datteltomaten eventuell schälen. Knoblauch in Olivenöl kurz andünsten, Datteltomaten dazugeben, weich dünsten und mit Ingwer und Salz würzen.

Fertigstellung

- Den Auflauf auf den Datteltomaten anrichten, mit Parmesanspänen bestreuen, mit Kerbel, Sauerklee, Dill, Ringelblumen, Borretsch- und Nelkenblüten garnieren und servieren.

Kräuterauflauf: etwa 150 Grad
Kräuterauflauf: etwa 40 Minuten
Datteltomaten: etwa 6 Minuten

TIPPS

1. *Servieren Sie den Kräuterauflauf auf gedünsteten Peperoni.*
2. *Damit der Kräuterauflauf länger saftig bleibt und auch nicht so schnell zusammenfällt, kann man zur Masse 50 g gekochte, passierte Kartoffeln geben.*

Gebackene Zucchinischeiben mit Mozzarella und Basilikum

Für etwa 4 Personen

Zutaten

300 g	gelbe oder grüne Zucchini
	Salz
	Pfeffer aus der Mühle
12	dünne Mozzarellascheiben
12	Basilikumblätter
2	Eier
50 ml	Milch
2 EL	Parmesan, gerieben
	Mehl zum Panieren
	Backfett

Weiteres

Friséesalat (gekrauster Endiviensalat), Lollo rosso, Eichblattsalat zum Garnieren

Majoranblätter zum Garnieren

Olivenöl zum Beträufeln

etwa 180 Grad

etwa 3 Minuten

Zubereitung

- Zucchini in runde, 5 mm dicke Scheiben schneiden. Mit Salz und Pfeffer würzen.
- Zwischen zwei Zucchinischeiben eine Mozzarellascheibe und ein Basilikumblatt legen und bereitstellen.
- Eier mit Milch und Parmesan vermischen und ebenfalls bereitstellen.
- Nun die gefüllten Zucchini mit Mehl bestauben und durch die verrührten Eier ziehen.
- In heißem Fett schwimmend auf beiden Seiten backen.

Fertigstellung

- Die gebackenen Zucchinischeiben mit Salaten anrichten, mit Majoranblättern und etwas Olivenöl garnieren und servieren.

TIPPS

1. *Anstelle der Zucchini können Sie auch Melanzane oder Tomaten verwenden.*
2. *Dazu passt ebenso eine Tomaten- oder Käsesauce.*
3. *Sie können die Zucchini auch mit Mehl, Ei und Brotbröseln panieren und backen.*

Tomatenlasagne mit Scamorza

FÜR 4 PERSONEN

Zutaten

100 g	Melanzane
200 g	Zucchini
2 EL	Olivenöl
200 g	Tomaten
300 g	Scamorza
	Salz
	Pfeffer aus der Mühle

Geschmorte Tomaten

30 ml	Olivenöl
2	Knoblauchzehen, fein gehackt
400 g	Tomaten
	Salz

Weiteres

1 EL	Basilikum, grob geschnitten

Melanzane und Zucchini: etwa 2 Minuten

Törtchen: etwa 200 Grad

Törtchen: etwa 10 Minuten

Geschmorte Tomaten: etwa 5 Minuten

Zubereitung

- Melanzane und Zucchini waschen, in etwa 5 mm dicke Scheiben schneiden und in einer Pfanne mit Olivenöl braten.
- Alle Tomaten waschen mit heißem Wasser überbrühen und schälen.
- Scamorza in Scheiben schneiden.
- Tomaten vierteln und die Samenkerne entfernen.
- Nun abwechselnd Melanzane-, Zucchinischeiben, Scamorza und Tomaten übereinander schichten, dazwischen immer mit Salz und Pfeffer würzen.
- Die Törtchen auf eine Platte oder in eine Pfanne setzen und im Backofen überbacken.

Geschmorte Tomaten

- Olivenöl in eine Pfanne geben, Knoblauch dazugeben und glasig dünsten.
- Geschälte Tomaten in große Stücke schneiden, dazugeben, salzen und weich schmoren.

Fertigstellung

- Die geschmorten Tomaten auf Tellern anrichten, die Tomatenlasagne daraufsetzen, mit Basilikum bestreuen und servieren.

TIPPS

1. *Anstelle von Scamorza verwenden Sie Mozzarella oder Almkäse.*
2. *Sie können die Tomatenlasagne auch ohne Käse zubereiten.*
3. *Auch Peperoni, Chicorée, Radicchio oder Fenchel eignen sich für die Törtchen.*
4. *Verwenden Sie für diese Lasagne Ochsenherz-Tomaten.*

Blätterteigkissen mit Rührei und Spinat

FÜR 4 PERSONEN

Zutaten

200 g	Blätterteig
1	Eigelb zum Bestreichen
1 Msp.	Paprikapulver

Butterspinat

20 g	Butter
50 g	Zwiebeln, fein geschnitten
500 g	Spinat
	Salz

Rühreier

4	Eier
2 EL	Sahne
1 EL	Parmesan, gerieben
	Salz
20 g	Butter
1 TL	Schnittlauch, fein geschnitten

Weiteres

Paprikapulver zum Bestreuen
Parmesanspäne zum Bestreuen

Blätterteig: etwa 200 Grad
Blätterteig: etwa 15 Minuten
Spinat: etwa 3 Minuten
Rühreier: etwa 3 Minuten

Zubereitung

- Blätterteig auf einem bemehlten Tisch 5 mm dick ausrollen, auf ein Tablett legen und im Kühlschrank etwas ruhen lassen, damit der Teig schnittfest wird.
- Den Teig in vier 5 x 8 cm lange Rechtecke schneiden.
- Eigelb mit Paprikapulver verrühren und die Teigstücke damit bestreichen.
- Im vorgeheizten Backofen backen.

Butterspinat

- Butter in einer Pfanne erwärmen und Zwiebeln darin dünsten.
- Spinat putzen, waschen und entstielen und dazugeben, salzen und zugedeckt dünsten lassen.

Rühreier

- Eier in einer Schüssel mit Sahne, Parmesan und Salz gut verrühren.
- Butter in eine beschichtete Pfanne geben und die Eiermasse dazu gießen.
- Nun die Masse unter ständigem Rühren zum Stocken bringen und mit Schnittlauch vermischen.

Fertigstellung

- Rühreier und Spinat auf Tellern anrichten, mit Paprikapulver und Parmesanspänen bestreuen und mit Blätterteigkissen servieren.

TIPPS

1. *Servieren Sie eine Remouladen- oder Tatarsauce dazu.*
2. *Anstelle von Rührei können Sie auch Brie oder Ziegenweichkäse servieren.*
3. *Statt Spinat servieren Sie Spargel, Zucchini oder Peperoni.*

Safran-Couscous mit Gemüse und Sprossen

FÜR 4 PERSONEN

Zutaten

50 g	Zwiebeln
2 EL	Olivenöl
50 g	Peperoni
40 g	Zucchini
400 ml	Wasser
1 TL	Safranfäden oder 1 Pkg. Safran
1 TL	Limetten- oder Zitronenschale, gerieben
	Salz
	Pfeffer aus der Mühle
200 g	Couscous
1 Msp.	Minze, fein geschnitten
1 EL	Limettensaft

Peperonipüree

100 g	Peperoni
1	Schalotte, fein geschnitten
1 EL	Olivenöl
100 ml	Wasser
	Salz

Milchschaum

50 ml	Milch
4	Minzeblätter

Weiteres

4 EL	Sprossen (Radieschen-, Alfa- und Senfsprossen) zum Garnieren

Zubereitung

- Zwiebeln schälen, fein schneiden und in etwas Olivenöl leicht anschwitzen.
- Peperoni und Zucchini in feine Würfel schneiden, zu den Zwiebeln geben und dünsten.
- Wasser angießen und mit Safran, Limettenschale, Salz und Pfeffer würzen.
- Couscous dazugeben, quellen lassen, bis er weich ist, und mit Minze sowie Limettensaft verfeinern.

Peperonipüree

- Peperoni schälen, entkernen und waschen. Schalotten in Olivenöl dünsten, Peperoni mitdünsten, Wasser angießen, salzen und weich kochen.
- Peperoni mit einem Stabmixer fein pürieren.

Milchschaum

- Milch mit Minzeblättern erwärmen, abseihen und mit einem Stabmixer aufschäumen.

Fertigstellung

- Couscous auf Tellern anrichten, mit Sprossen belegen, mit Milchschaum und Peperonipüree servieren.

Couscous: etwa 5 Minuten
Peperonipüree: etwa 12 Minuten

TIPPS

1. *Statt Sprossen verwenden Sie Kresse, Frisée-, Vogelesalat usw.*
2. *Sie können auch Burrata oder Mozzarella zum Couscous servieren.*
3. *Anstelle von Safran können Sie auch Kurkuma (Gelbwurz) verwenden.*
4. *Beim Safran sollte man Pulver meiden und nur frische Safranfäden verwenden.*

Gebackene Hirsepralinen auf Pilzen und Frühlingszwiebeln

FÜR 4 PERSONEN

Zutaten

1	kleine Zwiebel
2 EL	Öl
200 g	Hirse
40 ml	Weißwein
1 l	Gemüsebrühe oder Wasser
2	Eigelb
30 g	Parmesan, gerieben
	Pfeffer aus der Mühle
	Salz
2 EL	Mehl zum Panieren
2	Eier zum Panieren
120 g	gekochte Lauchstreifen, abgetrocknet
	Backfett

Weiteres

200 g	geröstete Pilze (Champignons, Shiitake oder andere Pilze)
150 g	gedünstete Frühlingszwiebeln
	Majoran zum Garnieren
4 EL	Tomatensauce zum Garnieren

Zubereitung

- Zwiebel schälen, in Würfel schneiden und in Öl dünsten. Hirse dazugeben und kurz glasig dünsten.
- Mit Weißwein ablöschen, nach und nach mit Gemüsebrühe aufgießen, des Öfteren umrühren und kochen lassen, bis die Hirse weich ist.
- Hirse vom Herd nehmen, Eigelb und Parmesan zugeben, umrühren, mit Pfeffer und Salz würzen und etwas auskühlen lassen.
- Aus der Hirsemasse kleine Pralinen formen, in Mehl wenden, im verquirlten Ei drehen und mit den trockenen Lauchstreifen umwickeln.
- Hirsepralinen im heißen Fett backen, auf Küchenkrepp abtropfen lassen. Mit den gerösteten Pilzen und den gedünsteten Frühlingszwiebeln anrichten, mit etwas Majoran und Tomatensauce garnieren und servieren.

VARIATION

Gebackene Reispralinen: Anstelle der Hirse verwenden Sie Reis.

Hirse: etwa 15 Minuten
Hirsepralinen: etwa 170 Grad
Hirsepralinen: etwa 2 Minuten

TIPP

Servieren Sie die Hirsepralinen auf einer Peperoni- oder Gorgonzolasauce.

Grünkernlaibchen auf Rahmgurken und Kerbel

Zutaten für 4 Personen

Grünkernlaibchen

300 ml	Gemüsebrühe oder Wasser
1	Lorbeerblatt
2	Wacholderbeeren, zerquetscht
150 g	Grünkern, geschrotet
50 g	Zwiebeln, fein geschnitten
1	Knoblauchzehe, fein gehackt
1 EL	Butter
80 g	Karotten, fein gerieben
50 g	Topfen (Quark)
1 TL	Senf
1 Msp.	Zitronenschale, gerieben
1 TL	Paprikapulver
1 TL	Majoran
40 g	Brotbrösel
	Salz
	Pfeffer aus der Mühle
30 ml	Olivenöl

Rahmgurken

250 g	Salatgurken
50 g	Schalotten, fein geschnitten
20 g	Butter
100 m	Sahne
	Salz
1 EL	Dill, fein geschnitten

Weiteres

Kerbel zum Garnieren

Grünkernlaibchen

- Gemüsebrühe mit Lorbeerblatt und Wacholderbeeren aufkochen, Grünkern mit dem Schneebesen einrühren und aufkochen lassen. Anschließend etwa 45 Minuten quellen lassen.
- Zwiebelwürfel und Knoblauch in Butter andünsten, Karotten dazugeben und leicht mitdünsten.
- Den Grünkernbrei dazugeben und mit Topfen, Senf, Zitronenschale, Paprikapulver, Majoran und Brotbröseln vermischen, gut verkneten und mit Salz und Pfeffer abschmecken. Ist die Masse zu weich, noch etwas Brotbrösel dazugeben.
- Aus der Masse Laibchen formen und in Olivenöl langsam braten. Eventuell im Backofen fertig backen.

Rahmgurken

- Salatgurken schälen, halbieren und in Scheiben schneiden.
- Schalotten in Butter andünsten, Gurken dazugeben und mitdünsten.
- Sahne angießen und Gurken darin weich kochen.
- Mit Salz und Dill abschmecken.

Fertigstellung

- Die Grünkernlaibchen auf Rahmgurken anrichten, mit Kerbel garnieren und servieren.

Grünkernlaibchen: etwa 12 Minuten
Rahmgurken: etwa 7 Minuten

TIPPS

1. *Anstelle der Karotten können Sie auch Zucchini, Peperoni oder Melanzane verwenden.*
2. *Sie können die Laibchen auch nur auf Backpapier im Backofen backen.*

Buchweizenblinis auf Rohkost mit Sauerrahm

Für etwa 10 Stück

Buchweizenblinis

10 g	Hefe
100 ml	lauwarme Milch
25 g	Mehl
125 g	Buchweizenmehl
2	Eigelb
	Salz
2	Eiweiß
	Butter zum Braten

Rohkost

70 g	Karotten
100 g	Kohlrabi
2	grüne Spargel
70 g	Peperoni
70 g	Fenchelknolle
2 EL	Olivenöl
1 EL	Zitronensaft
	Salz
	Pfeffer aus der Mühle

Sauerrahmcreme

4 EL	Sauerrahm
2 EL	Sahne
	Salz
	Pfeffer aus der Mühle
1 EL	Schnittlauch, fein geschnitten

Weiteres

Sauerklee zum Garnieren

Blinis: etwa 5 Minuten

Buchweizenblinis

- Für das Dampfl Hefe und lauwarme Milch verrühren, zum Mehl geben, verrühren und zugedeckt etwa 20 Minuten an einem warmen Ort aufgehen lassen.
- Buchweizenmehl, Eigelb und Salz zum Dampfl geben und mit dem Kochlöffel gut durchschlagen.
- Weitere 20 Minuten an einem warmen Ort aufgehen lassen.
- Eiweiß zu Schnee schlagen und unter den Teig heben.
- In einer heißen Pfanne etwas Butter schmelzen lassen, jeweils 1 Esslöffel Teig als Häufchen hineingeben und beidseitig goldbraun ausbacken.

Rohkost

- Karotten, Kohlrabi, Spargel, Peperoni und Fenchelknolle schälen und in feine Blättchen oder Streifen schneiden. Mit Olivenöl, Zitronensaft, Salz und Pfeffer würzen.

Sauerrahmcreme

- Sauerrahm, Sahne, Salz, Pfeffer und Schnittlauch verrühren.

Fertigstellung

- Den Rohkostsalat auf Sauerrahmcreme anrichten und mit Sauerklee garnieren. Buchweizenblinis dazu servieren.

TIPPS

1. *Die Buchweizenblinis eignen sich sehr gut als Antipasti.*
2. *Verwenden Sie anstelle des Buchweizenmehls Dinkelmehl.*
3. *Sie können die Buchweizenblinis auch mit einer Tomatensauce servieren.*

Cremig gekochte Gerste mit Spitzkohl und geräucherter Ricotta

FÜR 4 PERSONEN

Zutaten

100 g	Zwiebeln
1	Knoblauchzehe
2 EL	Öl
200 g	Rollgerste
50 ml	Weißwein
1 l	heiße Gemüsebrühe oder Wasser
200 g	Spitzkohl
	Salz
	Pfeffer aus der Mühle
½ EL	Zitronensaft
50 g	kalte Butter
50 g	Parmesan, gerieben

Weiteres

80 g	geräucherte Ricotta zum Bestreuen
2 EL	rohe Spitzkohlstreifen zum Garnieren

etwa 20 Minuten

Zubereitung

(siehe vordere Umschlag-Innenseite)

- Zwiebeln und Knoblauch schälen, fein schneiden und in Öl leicht dünsten.
- Rollgerste zugeben und etwas mitdünsten.
- Mit Weißwein ablöschen und die Flüssigkeit völlig einkochen lassen.
- Gemüsebrühe aufgießen, sodass die Gerste mit Flüssigkeit bedeckt ist.
- Unter oftmaligem Rühren kochen lassen.
- Spitzkohl in Streifen schneiden und etwa 5 Minuten vor Garende zur Gerste geben.
- Die Gerste soll weich, aber noch etwas bissfest sein.
- Nun die Gerste mit Salz, Pfeffer und Zitronensaft abschmecken, mit kalter Butter und Parmesan verfeinern.
- Ricotta zerbröseln und mit Spitzkohlstreifen auf der Gerste anrichten und servieren.

TIPPS

1. *Sie können in die Gerste gegebenenfalls auch zwei fein gehackte Sardellenfilets geben.*
2. *Anstelle von geräucherter Ricotta verwenden Sie Burrata oder Mozzarella.*
3. *Sie können auch das Einweichwasser der Gerste zum Aufgießen verwenden.*
4. *Sollte die Gerste nicht schön cremig werden, reiben Sie eine mehlige Kartoffel kurz vor Garende in die Gerste.*

Wirsingrouladen mit Kartoffelpüree

FÜR 4 PERSONEN

Zutaten

800 g	Wirsing
50 g	Zwiebeln
40 g	Butter
1 Msp.	Muskatnuss
1 TL	Anis
	Salz
100 ml	Sahne
	Schnittlauchhalme zum Binden
100 ml	Kochwasser vom Wirsing
50 g	Butter zum Binden der Sauce

Weiteres

200 g	Kartoffelpüree
1 TL	Anis zum Bestreuen
1 EL	Schnittlauch, fein geschnitten zum Bestreuen
	Schnittlauchhalme zum Garnieren

Wirsingblätter: etwa 4 Minuten

Wirsingwürfel: etwa 15 Minuten

Röllchen: etwa 160 Grad

Röllchen: etwa 10 Minuten

Zubereitung

- Vom Wirsing die äußeren holzigen Blätter entfernen, einzelne Blätter ablösen, den Mittelstrunk herausschneiden und die Blätter waschen.
- Die grünen Blätter in Salzwasser weich kochen und bereitstellen.
- Die restlichen Blätter in Würfel schneiden.
- Zwiebel schälen, in feine Würfel schneiden und in Butter dünsten. Wirsingwürfel dazugeben und mitdünsten.
- Muskatnuss, Anis, Salz und Sahne zugeben und weich dünsten.
- Gekochte Wirsingblätter ausbreiten, mit gedünsteten Wirsingwürfeln füllen, zu kleinen Rouladen einrollen und mit einem Schnittlauchhalm verschließen.
- Das Kochwasser vom Wirsing in eine feuerfeste Form geben, die Wirsingröllchen hineinlegen und im Backofen garen.
- Die Röllchen herausnehmen, Wirsingfond mit Butter verrühren.

Fertigstellung

- Die Röllchen mit Kartoffelpüree auf Tellern anrichten, mit dem Wirsingfond übergießen, mit Anis und Schnittlauch bestreuen, mit Schnittlauchhalmen garnieren und servieren.

TIPPS

1. *Servieren Sie Camembert oder Brie zu den Röllchen.*
2. *Anstelle des Kartoffelpürees servieren Sie Polenta oder gedünsteten Reis.*
3. *Sie können die Röllchen auch mit geriebenem Bergkäse überbacken.*

Kohlrabi-Tomaten-Gratin

FÜR 4 PERSONEN

Zutaten

200 g	Kohlrabi
200 g	Tomaten
2	Mozzarella, zu je 125 g
1 EL	Basilikum, fein geschnitten
	Salz
	Pfeffer aus der Mühle

Weiteres

	Butter zum Ausstreichen der Form
80 g	Weißbrot
2 EL	Parmesan, gerieben
4 EL	Olivenöl zum Beträufeln

Kohlrabischeiben: etwa 5 Minuten

Gratin: etwa 180 Grad

Gratin: etwa 15 Minuten

Zubereitung

- Kohlrabi putzen und schälen, in 5 mm dicke Scheiben schneiden und in Salzwasser kochen.
- Tomaten und Mozzarella ebenfalls in Scheiben schneiden.
- Kohlrabischeiben abwechselnd mit Tomaten- und Mozzarellascheiben in einer mit Butter ausgestrichenen Form anordnen, mit Basilikum, Salz und Pfeffer würzen.

Fertigstellung

- Weißbrot entrinden und in feinste Würfel schneiden.
- Das Kohlrabi-Tomaten-Gratin mit Weißbrotwürfeln und Parmesan bestreuen, mit Olivenöl beträufeln und im vorgeheizten Backofen backen.

VARIATIONEN

Melanzane-Tomaten-Gratin: Anstelle des Kohlrabis verwenden Sie Melanzane.
Zucchini-Tomaten-Gratin: Anstelle des Kohlrabis verwenden Sie Zucchini.

TIPPS

1. *Servieren Sie den gratinierten Kohlrabi mit einer Tomatensauce.*
2. *Sie können Mozzarella auch durch einen würzigen Bergkäse ersetzen.*

Kastanien-Kartoffelknödel auf Lauch

Für 4 Personen

Kartoffelteig

400 g	mehlige Kartoffeln
1	Eigelb
1 EL	zerlassene Butter
120 g	Mehl
	Salz
1 Msp.	Muskatnuss

Kastanienfüllung

50 g	Zwiebeln, fein geschnitten
30 g	Butter
300 g	gekochte Kastanien, passiert
1 EL	Parmesan, gerieben
	Salz
	Pfeffer aus der Mühle

Weiteres

200 g	Lauch, in Blättchen geschnitten und in Butter gedünstet
30 g	Parmesan, gerieben
40 g	braune Butter
12	glasierte Kastanien zum Garnieren

Kartoffeln: etwa 20 Minuten

Kastanien-Kartoffelknödel: etwa 20 Minuten

Kartoffelteig

- Kartoffeln schälen, in 2 x 2 cm große Würfel schneiden und in Salzwasser kochen. Abseihen und etwas ausdämpfen lassen (damit sie trockener sind).
- Kartoffeln durch die Kartoffelpresse drücken, mit Eigelb und Butter verkneten, dann erkalten lassen.
- Mehl, Salz und Muskatnuss unter die Kartoffelmasse kneten.

Kastanienfüllung

- Zwiebelwürfel in Butter goldgelb dünsten und mit den gekochten und passierten Kastanien vermischen.
- Parmesan dazugeben, mit Salz und Pfeffer würzen und bereitstellen.

Fertigstellung

- Kartoffelteig 5 mm dick zu einem Rechteck (15 x 25 cm) ausrollen.
- Kastanienfüllung mit einer Palette oder einem Löffel etwa 5 mm dick daraufstreichen.
- Nun den Kartoffel-Kastanienknödel zu einer Roulade aufrollen, in eine gebutterte Alufolie geben und gut verschließen.
- Die Knödelrolle im kochenden Salzwasser kochen.
- Die Knödel aus der Folie nehmen, in 2 cm dicke Scheiben schneiden, auf den gedünsteten Lauchblättchen anrichten und mit Parmesan, brauner Butter und den glasierten Kastanien garnieren und servieren.

TIPPS

1. *Zur Abwechslung können Sie den Kartoffelteig auch mit Spinatcreme füllen.*
2. *Anstelle von Lauch verwenden Sie gedünstetes Weiß- oder Sauerkraut.*
3. *Anstelle von Kartoffelteig können Sie auch einen Topfenteig verwenden.*

Gebratener Serviettenknödel auf gerösteten Pilzen

FÜR 4 PERSONEN

Serviettenknödel

- 200 g schnittfestes Weißbrot oder Knödelbrot
- 50 g Zwiebeln
- 2 EL Öl
- 100 g weiche Butter
- 1 Eigelb
- 2 Eier
- 150 ml Milch
- 2 EL Petersilie, fein geschnitten
- Salz
- Pfeffer aus der Mühle
- 2 EL Mehl

Geröstete Pilze

- 200 g Pfifferlinge
- 100 g Steinpilze
- 20 g Schalotten oder Zwiebeln, fein geschnitten
- ½ Knoblauchzehe, fein geschnitten
- 1 EL Butter
- Salz
- Pfeffer aus der Mühle
- 1 EL Petersilie, fein geschnitten

Weiteres

- 2 EL Butter zum Braten
- Salz und Pfeffer
- 4 EL Sahne
- 2 EL Kresse zum Servieren

Serviettenknödel

- Weißbrot in kleine Würfel schneiden.
- Zwiebel schälen, ebenfalls in feine Würfel schneiden und in Öl hellbraun rösten.
- Weiche Butter schaumig rühren, Eigelb und Eier unterrühren.
- Brot, Zwiebelwürfel und Milch zusammen mit Petersilie, Salz und Pfeffer zur Buttermasse geben, Mehl untermischen und den Teig etwa 10 Minuten ruhen lassen.
- Den Knödelteig auf eine Klarsichtfolie auftragen und zu einer Rolle (etwa 4 cm Ø) einrollen. Die Rolle mit einem Küchengarn zusammenbinden und in Salzwasser kochen.

Geröstete Pilze

- Pfifferlinge und Steinpilze putzen, kurz waschen und gut abtropfen lassen. Je nach Größe halbieren, vierteln oder in Scheiben schneiden.
- Schalottenwürfel und Knoblauch in Butter andünsten, Pfifferlinge und Steinpilze dazugeben, mit Salz, Pfeffer und Petersilie würzen und fertig braten.

Fertigstellung

- Serviettenknödel aus dem Wasser nehmen, auspacken, in Scheiben schneiden und in Butter rösten.
- Sahne aufkochen lassen, mit Salz und Pfeffer würzen und mit dem Stabmixer aufschäumen.
- Die Pilze auf Tellern anrichten, die Knödelscheiben daraufsetzen, mit der aufgeschäumten Sahne und Kresse garnieren und servieren.

Serviettenknödel: etwa 20 Minuten
Pilze: etwa 6 Minuten

TIPPS

1. *Anstelle der Pfifferlinge und Steinpilze können Sie auch Champignons oder Shiitake-Pilze verwenden.*
2. *Statt Knödel kann auch gebratener Tofu verwendet werden.*

Gefüllte Peperoni

FÜR 4 PERSONEN

Zutaten

2	gelbe mittelgroße Peperoni
40 g	Zwiebeln
1	Knoblauchzehe, fein gehackt
2 EL	Butter
50 g	Langkornreis (Basmati oder Siam Patna)
200 g	Tomaten, geschält und in Würfel geschnitten
180 ml	Gemüsefond oder Wasser
1 EL	Basilikum, in feine Streifen geschnitten
2 EL	Petersilie, fein geschnitten
	Pfeffer aus der Mühle
	Salz
30 g	Pecorino oder Parmesan, gerieben

Weiteres

30 ml	Olivenöl
100 g	Schalotten, in Spalten geschnitten
100 g	Tomatenwürfel

Reis: etwa 12 Minuten
Gefüllte Peperoni: etwa 170 Grad
Gefüllte Peperoni: etwa 15 Minuten

Zubereitung

- Peperoni halbieren, die Kerne entfernen, waschen und umgekehrt auf einem Küchenkrepp abtropfen lassen.
- Zwiebel fein schneiden und mit Knoblauch in Butter andünsten, Reis dazugeben, mit Gemüsefond aufgießen und zugedeckt dünsten lassen.
- Den Reis mit Tomatenwürfeln, Basilikum, Petersilie, Pfeffer und Salz würzen.
- Die Füllung in die Peperonihälften geben und mit Pecorino bestreuen.

Fertigstellung

- Olivenöl in eine Bratenpfanne geben, die Peperoni hineinstellen, mit den Schalotten und Tomaten umlegen und im vorgeheizten Backofen backen.
- Auf Tellern anrichten und servieren.

TIPPS

1. *Sie können zur Füllung auch noch Pilze oder Zucchini zugeben.*
2. *Verwenden Sie rote oder gelbe Peperoni, da diese viel aromatischer sind als grüne.*
3. *Anstelle von Reis verwenden Sie gekochte Hirse oder Amaranth.*
4. *Anstatt der Peperoni konnen Sie Melanzane oder Tomaten verwenden.*

Gebackenes Gemüse auf Remouladensauce

FÜR 4 PERSONEN

Zutaten

100 g	gekochte Blumenkohlröschen
100 g	gekochte Broccoliröschen
100 g	gekochte Schwarzwurzel
100 g	gekochte Sellerieknollen, in Stäbchen geschnitten
	Salz
	Pfeffer aus der Mühle
100 g	Mehl zum Panieren
2	Eier zum Panieren
200 g	Brotbrösel zum Panieren
	Backfett

Remouladensauce

150 g	Mayonnaise
1 EL	Essiggurken, gehackt
1 TL	Kapern, gehackt
1 TL	Sardellen, gehackt
1 EL	Petersilie, fein geschnitten
	Salz
	Pfeffer aus der Mühle

Weiteres

Olivenöl zum Garnieren

etwa 180 Grad
etwa 3 Minuten

Zubereitung

- Das Gemüse mit etwas Salz und Pfeffer würzen, dann in Mehl wenden, durch die verquirlten Eier ziehen und in den Brotbröseln panieren.
- Das Gemüse im heißen Fett backen und auf Küchenkrepp abtropfen lassen.

Remouladensauce

- Mayonnaise mit Essiggurken, Kapern, Sardellen, Petersilie, Salz und Pfeffer verrühren und bereitstellen.

Fertigstellung

- Die Remouladensauce auf Teller geben, das gebackene Gemüse darauf verteilen, mit etwas Olivenöl beträufeln und servieren.

TIPPS

1. *Servieren Sie dazu feine Blattsalate.*
2. *Anstelle des Gemüses können Sie Camembert, Brie oder Ziegenweichkäse verwenden.*
3. *Sie können auch andere Gemüsesorten wie Spargel, Fenchel, Petersilienwurzel oder Peperoni verwenden.*

Gebackenes Ei auf Spinatsalat und Kurkuma-Mayonnaise

FÜR 4 PERSONEN

Gebackenes Ei

4 Eier
Salz
2 EL Mehl zum Panieren
1 Ei zum Panieren
60 g Toastbrot, in sehr feine Würfel geschnitten, zum Panieren
Backfett

Kurkuma-Mayonnaise

1 Ei
1 TL Senf
Salz
200 ml Traubenkernöl oder mildes Olivenöl
1 TL Kurkumapulver oder Kurkumawurzel, gerieben
1 EL Petersilienblätter
1 TL Zitronensaft
Pfeffer aus der Mühle

Spinatsalat

100 g junge Spinatblätter
2 EL Olivenöl
1 EL Zitronensaft
Salz
Pfeffer aus der Mühle

Eier: etwa 5 Minuten
Eier: etwa 2 Minuten

Gebackenes Ei

- Eier in leicht gesalzenem Wasser kochen, in kaltem Wasser kurz abkühlen lassen, dann schälen.
- Eier mit einem Küchenkrepp abtrocknen; in Mehl, verquirltem Ei und Toastbrotwürfeln panieren.
- Die panierten Eier in heißem Fett backen.

Kurkuma-Mayonnaise

- Ei, Senf und Salz mit einem Stabmixer einmal aufmixen, dann Traubenkernöl langsam mit dem Stabmixer einmixen.
- Kurkuma und Petersilie dazugeben und kurz mitmixen, mit Zitronensaft und Pfeffer abschmecken und bereitstellen.

Spinatsalat

- Spinatblätter mit Olivenöl, Zitronensaft, Salz und Pfeffer marinieren.

Fertigstellung

- Die gebackenen Eier mit dem marinierten Spinatsalat anrichten und mit der Kurkuma-Mayonnaise servieren.

TIPPS

1. *Sie können das Ei auch in Essigwasser pochieren, abkühlen lassen und panieren.*
2. *Als weitere Beilage eignen sich Röstkartoffeln und gegrillte Tomaten.*

Sellerieschnitzel mit Maisflocken gebacken und Kräutersalat

Für 4 Personen

Sellerieschnitzel

8	Sellerieknollenscheiben zu je 40 g
	Salz
1	Ei zum Panieren
3 EL	Mehl zum Panieren
100 g	Maisflocken, grob zerbröselt zum Panieren

Kräutersalate

40 g	Salat und Kräuter (Frisée, Dill, Ringelblumen, Schnittlauchblumen und Kerbel)

Nussdressing

2 EL	Nussöl
1 EL	Apfelessig
2 EL	Apfelsaft
	Salz
	Pfeffer

Weiteres

Backfett

Sellerieknollenscheiben: etwa 7 Minuten
Sellerieschnitzel: etwa 160 Grad
Sellerieschnitzel: etwa 4 Minuten

Sellerieschnitzel

- Sellerieknollenscheiben in Salzwasser kochen.
- Gekochte Knollenselleriescheiben beidseitig salzen.
- Ei mit einer Gabel verquirlen, Sellerieknollenscheiben in Mehl wenden, überschüssiges Mehl abschütteln, durch das verquirlte Ei ziehen und mit grob zerbröselten Maisflocken panieren. Etwas andrücken und leicht abschütteln.

Kräutersalat

- Friséesalat, Dill, Ringelblumen, Schnittlauchblumen und Kerbel zupfen und waschen.

Nussdressing

- Nussöl, Apfelessig, Apfelsaft, Salz und Pfeffer vermischen und bereitstellen.

Fertigstellung

- In einer Pfanne reichlich Fett erhitzen, die Sellerieschnitzel auf beiden Seiten backen und auf einem Küchenkrepp abtropfen lassen.
- Kräutersalate mit Nussdressing marinieren und auf Teller verteilen.
- Sellerieschnitzel auf dem Kräutersalat anrichten und servieren.

TIPPS

1. *Servieren Sie dazu Preiselbeermarmelade.*
2. *Anstelle der Sellerieknollenscheiben können Sie auch Zucchini oder Fenchel verwenden.*
3. *Statt Maisflocken können Sie auch Haselnüsse oder Kürbiskerne verwenden.*
4. *Wenden Sie das Schnitzel nicht zu früh und lassen Sie es auch nicht zu lang in der Pfanne, sonst löst sich die Panade und der Sellerie wird trocken.*

Gemüsegröstel

FÜR 4 PERSONEN

Zutaten

300 g	Kartoffeln
80 g	Karotten
80 g	Zucchini
60 g	Sellerieknolle
80 g	Kohlrabi
1/2	Zwiebel
2 EL	Öl
	Salz
	Pfeffer aus der Mühle
1 Msp.	Muskatnuss
2 EL	Butter
1	Rosmarinzweig

Kartoffeln:
etwa 45 Minuten

Gemüse:
etwa 6 Minuten

Gröstel:
etwa 4 Minuten

Zubereitung

- Kartoffeln waschen, mit Schale im Salzwasser kochen oder dämpfen.
- Auskühlen lassen, schälen und in nicht zu dünne Scheiben schneiden.
- Karotten, Zucchini, Sellerieknolle und Kohlrabi waschen, schälen und in die gewünschte Form (Scheiben, Rauten) schneiden und dünsten.
- Zwiebel schälen und in kleine Würfel schneiden.
- Öl in einer beschichteten Pfanne erhitzen, Kartoffeln leicht rösten, Zwiebel zugeben, mit Salz, Pfeffer und Muskatnuss würzen und braun braten.
- Anschließend Gemüse zufügen, kurz durchschwenken, mit Butter und Rosmarin verfeinern und servieren.

TIPPS

1. *Sie können das Gemüse je nach Jahreszeit variieren.*
2. *Das Gemüsegröstel können Sie mit Kräuterbutter verfeinern.*
3. *Servieren Sie dazu gemischte Blattsalate oder Tomatensalat.*

Mediterraner Fenchel mit Tomaten und Oliven

FÜR 4 PERSONEN

Zutaten

4	kleine Fenchelknollen
3 EL	Olivenöl
50 g	Zwiebeln, fein geschnitten
1	Knoblauchzehe, fein gehackt
1 EL	Kapern, fein gehackt
200 ml	Wasser
	Salz
	Pfeffer aus der Mühle
100 g	Kirschtomaten
100 g	schwarze Oliven

Weiteres

1 EL	Petersilie, fein geschnitten
2 EL	Fenchelkraut
	Baguette

etwa 20 Minuten

Zubereitung

- Fenchel putzen, die harten Außenblätter entfernen, waschen und in Stücke schneiden.
- Olivenöl erwärmen, Zwiebelwürfel, Knoblauch und Kapern dazugeben und kurz dünsten.
- Fenchel zugeben, mit Wasser aufgießen und fertig dünsten.
- Mit Salz und Pfeffer abschmecken, Kirschtomaten und Oliven dazugeben und weitere 5 Minuten dünsten.
- Fenchel mit Petersilie und Fenchelgrün auf Tellern anrichten und mit Baguette servieren.

VARIATIONEN

Mediterraner Bitterbroccoli: Anstelle von Fenchel verwenden Sie Bitterbroccoli.
Mediterraner Chicorée: Anstelle von Fenchel verwenden Sie Chicorée.

TIPPS

1. *Servieren Sie zum Fenchel gebratenen Tofu, Camembert, Brie, Burrata oder Gorgonzola.*
2. *Ergänzen Sie den mediterranen Fenchel gegebenenfalls durch vier eingelegte Sardellen.*
3. *Sie können auch Zucchini oder Peperoni zum Fenchel dazugeben.*

Palatschinken mit Gemüsefüllung

FÜR 4 PERSONEN

Palatschinken

100 g	Mehl
100 ml	Milch
1	Prise Salz
2	Eier
	Butter zum Braten

Gemüsefüllung

100 g	Karotten
80 g	Zucchini
50 g	Melanzane
100 g	Fenchelknolle
20 g	Zwiebeln
1	Knoblauchzehe, fein gehackt
20 g	Butter
1	Tomate, geschält und in Würfel geschnitten
	Pfeffer aus der Mühle
	Salz
1 TL	Basilikum, fein geschnitten
1 TL	Petersilie, fein geschnitten
20 g	Parmesan, gerieben

Weiteres

Parmesan, gerieben zum Überbacken
Butter für die Form und zum Überbacken
Kerbel zum Garnieren

Palatschinken
(siehe vordere Umschlag-Innenseite)

- Mehl mit Milch glatt rühren, Salz und Eier unterrühren.
- In einer Stielpfanne Butter erhitzen, etwas Teig hineingeben und dabei die Pfanne so bewegen, dass der Teig gleichmäßig verlaufen kann; auf beiden Seiten backen. Nach und nach die restlichen Palatschinken backen.

Gemüsefüllung

- Karotten, Zucchini, Melanzane und Fenchel waschen, teilweise schälen und in 5 mm große Würfel schneiden.
- Zwiebel in kleine Würfel schneiden und mit Knoblauch in Butter dünsten.
- Die Gemüsewürfel zum Zwiebelgemisch geben und fertig dünsten.
- Tomatenwürfel dazugeben, mit Pfeffer, Salz, Basilikum und Petersilie würzen und mit Parmesan verfeinern.

Fertigstellung

- Die Palatschinken mit der Gemüsefüllung füllen und nach Belieben zusammenfalten oder einrollen.
- In eine mit Butter ausgestrichene, feuerfeste Form geben, mit Parmesan und Butter im vorgeheizten Backofen überbacken.
- Die Palatschinken auf Tellern anrichten, mit Kerbel garnieren und servieren.

etwa 180 Grad
etwa 20 Minuten

TIPPS

1. *Für die Füllung können Sie auch weiße oder grüne Spargel verwenden.*
2. *Damit das Gemüse nicht braun wird, salzen Sie es gleich nach dem Schneiden.*
3. *Sie können die Palatschinken auch mit Tomatensauce servieren.*

Focaccia mit Gemüse

Für 4 Personen

Focaccia

500 g	Mehl
25 g	Hefe
½ EL	Zucker
250 ml	lauwarmes Wasser
150 ml	Olivenöl
15 g	Salz
	grobes Meersalz

Gemüse

100 g	Zucchinischeiben
100 g	rote und gelbe Peperoni, geschält und in Stücke geschnitten
50 g	Radicchioblätter
2	Artischocken, geputzt und geviertelt
1	Fenchelknolle, in Scheiben geschnitten
2 EL	Olivenöl
	Salz
1 EL	Petersilie, fein geschnitten

Weiteres

Fenchelgrün zum Garnieren

Focaccia: etwa 200 Grad

Focaccia: etwa 15 Minuten

Gemüse: etwa 6 Minuten

Focaccia

- Mehl in eine Schüssel sieben, in die Mitte eine Mulde drücken.
- Hefe und Zucker in lauwarmem Wasser auflösen, in die Mehlmulde gießen und etwa 10 Minuten zugedeckt aufgehen lassen.
- 50 ml Olivenöl und Salz zum Mehl geben und zu einem glatten, geschmeidigen Teig verarbeiten.
- Den Teig mit einem Tuch zudecken und an einem warmen Ort etwa 20 Minuten gehen lassen, bis die Oberfläche Risse zeigt.
- Den Teig nochmals durchkneten, längliche flache Brote formen, den Teig auf ein geöltes Backblech legen.
- Mit einem Kochlöffelstiel kleine Löcher hineindrücken und restliches Olivenöl in die Vertiefungen geben, erneut zudecken und doppelt so groß aufgehen lassen.
- Mit Meersalz bestreuen und im vorgeheizten Backofen backen.

Gemüse

- Zucchini, Peperoni, Radicchio, Artischocken und Fenchel in etwas Olivenöl grillen oder in einer Pfanne braten, salzen und mit Petersilie bestreuen.

Fertigstellung

- Die Focaccia mit dem Gemüse belegen, mit Fenchelgrün garnieren und servieren.

TIPPS

1. *Geben Sie Oliven und gedünstete Zwiebelringe auf die Focaccia.*
2. *Servieren Sie die Focaccia mit Mozzarella und Tomaten statt mit Gemüse.*
3. *Sie können auch andere Gemüsesorten wie Chicorée, Melanzane, Blumenkohl, Spargel oder Mangold verwenden.*

Lasagnette mit gebackener Melanzane, Ziegenfrischkäse und Rucola

FÜR 4 PERSONEN

Zutaten

1	Melanzane
2 EL	Mehl zum Wenden
	Backfett
200 g	Ziegenfrischkäse
2 EL	geröstete Pinoli, grob gehackt
	Salz
	Pfeffer aus der Mühle
1 EL	Schnittlauch, fein geschnitten

Weiteres

100 g	Rucola
2 EL	Olivenöl
2 EL	Balsamicoessig
	Salz

etwa 160 Grad
etwa 1 Minute

Zubereitung

- Melanzane mit der Aufschnittmaschine in hauchdünne Scheiben schneiden, in Mehl wenden und in heißem Fett backen.
- Ziegenfrischkäse glatt rühren, mit Pinoli, Salz, Pfeffer und Schnittlauch würzen.
- Mit einem Löffel den Ziegenfrischkäse auf die Melanzanescheiben geben und übereinanderschichten; den Vorgang wiederholen.
- Rucola mit Olivenöl, Balsamicoessig und Salz marinieren.
- Die Lasagnette mit Rucola auf Tellern anrichten und mit einigen Tropfen Olivenöl und Balsamicoessig garnieren und servieren.

TIPPS

1. *Sie können auch Gorgonzola oder Topfen (Quark) verwenden.*
2. *Damit der Ziegenfrischkäse noch feiner und glatter wird, kann man ihn durch ein Sieb streichen.*
3. *Anstelle von Rucola verwenden Sie Blatt- oder Sprossensalate.*
4. *Servieren Sie zur Lasagnette einen Tomatensalat.*

Die Autoren bedanken sich bei folgenden Firmen

www.sennereialgund.it

www.biokistl.it

www.forst.it

www.galloni-meran.it

www.gramm-spa.it

www.kochbz.it

www.kueppersbusch.it

www.meinbeck.com

paolo.morocutti@email.it

www.pircher.it

Bäckerei
www.rabanser.bz

www.rieper.com

www.roterhahn.it

www.kunzi.it

www.zorzi.oskar.it

Kleines Küchenlexikon

Dieses kleine Glossar erklärt einige bekannte Fachbegriffe, die zum Kochen in der Küche gebraucht werden. In der Auflistung finden Sie Zubereitungsmethoden und handwerkliche Begriffe, die Ihnen in den Rezepten begegnen und über die Sie vielleicht noch einmal genau informiert werden möchten.

Abfrischen	unter fließendem kaltem Wasser oder in Eiswasser abkühlen
Agar-Agar	ein aus Algen gewonnenes Bindemittel
Bitterbroccoli	wird auch Stängelkohl oder in Italien als *cima di rapa* bezeichnet; die ganze Pflanze ist genießbar mit ausgeprägtem Kohlgeschmack und -geruch
Blanchieren	Gemüse einige Minuten in siedendem Wasser erhitzen
Blinis	kleine Pfannkuchen aus dickflüssigem Hefeteig (Germteig)
Crêpes	sehr dünne pfannkuchenähnliche Omeletts, süß oder pikant gefüllt
Dämpfen	schonende Garmethode über Wasserdampf
Gluten	Eiweiß in Getreidearten, das manche Menschen nicht vertragen (Zöliakie)
Miso	Paste, die hauptsächlich aus Sojabohnen und Anteilen aus Reis und Getreide besteht
Natto	traditionelles japanisches Lebensmittel aus Sojabohnen
Seitan	(Weizenfleisch) durch Auswaschen von Mehlteig gewonnenes Weizeneiweiß
Scamorza	typischer birnenförmiger Käse aus Mittel- und Süditalien
Soja	Hülsenfrucht, gilt auch als Fleischersatz
Tempeh	gekochte Sojabohne, die Masse kann gebraten oder frittiert werden
Tofu	Sojaquark

Ländertypische Bezeichnungen

Öfters kommt es innerhalb der deutschsprachigen Länder zu Missverständnissen und Verwechslungen aufgrund von unterschiedlichen Benennungen. Die nachstehende Übersicht soll für Klarheit sorgen.

Südtirol/Österreich	Deutschland
Balsamicoessig	Balsamessig
Dampfl	Hefevorteig (Ansatz)
Dressing	Salatsauce
Erdäpfel	Kartoffeln
Fisolen	Grüne Bohnen
Gelbe Rüben	Karotten
Karfiol	Blumenkohl
Kobis	Weißkohl/Weißkraut

Südtirol/Österreich	Deutschland
Kren	Meerrettich
Melanzane	Auberginen
Paradeiser	Tomaten
Peperoni	Paprikaschote/Paprika
Rohnen	Rote Bete
Rucola	Rauke
Schwammerln	Pilze
Vogelesalat	Feldsalat/Rapunzel

Register

Stichwörter mit roten Seitenzahlen befinden sich im Rezeptteil. Stichwörter mit **schwarzen** Seitenzahlen befinden sich im Abschnitt »Wissenswertes«.